YKK秘録

Taku Yamasaki

山崎拓

講談社

はじめに

76歳で正式に政界を引退した私も、今年の暮れには八十路に入る。30歳で政界入りしてから半世紀に亘る激動を経験したことになるが、今もって平河町に事務所を置き、永田町界隈から足抜けできないでいる。その間に、今や党人派政治家は希少な存在となったが、その一人である私が経験した権力闘争の実態を知りたい――というマスコミ関係者の取材申し入れが相次ぐようになった。

多分、私の生存中に、今まで明らかにされていない事実があればなるべく調べておきたいということだろう。なかでも宮澤・細川・村山・橋本各政権成立時の意外性ある経緯や、「加藤の乱」の裏話、小泉政治の功罪等が最大の関心事のようである。

これらは振り返ってみると、すべてＹＫＫ（山崎拓・加藤紘一・小泉純一郎）がらみで進行してきたといえる。

私は議員になってからずっと、衆議院手帖に首相をはじめ閣僚らと交わした会話、相手の様子などを細かく要領筆記していた。秘密会合の場所から、会話や態度に感じられる思惑まで、自分でも驚くほど細かく記してきた。これらのほぼ正確な事実は、同時に近現代政治史における生の資料になると考え、ここに「秘録」として公開することにした。
戦後政治の内幕のひとつとして、ご参考に供することができれば幸甚である。

2016年　盛夏

元衆議院議員

山崎　拓

ＹＫＫ秘録　目次

第4章　「加藤の乱」の真相—小渕恵三、森喜朗内閣

第5章　小泉純一郎首相の誕生、自民党幹事長に就任

デザイン　鈴木正道（Suzuki Design）
撮影　會田園
写真　共同通信社、時事通信社、講談社資料センター

YKK秘録

序章

運命の日

１９７２年12月10日

Y（山崎拓）・K（加藤紘一）・K（小泉純一郎）の国政初の揃《そろ》い踏みは、１９７２年12月10日施行の第33回衆議院議員総選挙である。

奇しくも開票日の11日が、私の36回目の誕生日と重なった。加藤紘一33歳、小泉純一郎30歳であった。

この年は、政治的に大きな出来事がたくさんあり、われわれ3人それぞれに、その後の長い政治生活に大きな影響を与えることになった。当時の記録を起こしてみる。

2月21日　リチャード・ニクソン大統領が、米国大統領として初の中国訪問。
5月15日　沖縄返還協定発効。
6月11日　田中角栄通産大臣が「日本列島改造論」を発表。
6月17日　佐藤栄作首相退陣表明。
7月5日　自民党総裁選挙があり、「角福戦争」といわれた。
第一回投票　田中角栄１５６票、福田赳夫《たけお》１５０票、大平正芳《まさよし》１０１票、三木武夫69票。
決選投票　田中角栄２８２票、福田赳夫１９０票で、田中角栄が当選。
7月7日　第一次田中角栄内閣が発足。
9月29日　田中角栄首相が訪中し、中国の周恩来《しゅうおんらい》首相とともに、日中国交正常化の共同声明を発出。

11月13日　衆議院解散、12月10日投票。

加藤紘一は、日中国交正常化に最も大きな影響を受けた。東京大学法学部在学中に外交官試験に合格し、卒業後、外務省に入省。中国語が話せる外交官（「チャイナロビー」ともいわれる）として在台北《タイペイ》大使館、在ワシントン大使館、在香港総領事館等に勤務した後、外務省アジア局中国課次席事務官在職中に退官し、父・加藤精三《せいぞう》元衆議院議員の後継者として衆議院選挙に初当選した。

その経歴からしても、日中関係発展のために尽くすことは彼の宿命だった。今は公益社団法人日本中国友好協会の名誉会長である。


小泉純一郎は、祖父が逓信《ていしん》大臣などを歴任した又次郎《またじろう》、父・純也は防衛庁長官を務めた。純也の急死を受けて、急逝《きゅうきょ》、1969年の第32回衆議院議員選挙に立候補するも4000票差で落選、福田赳夫の書生の身となった。1972年7月5日の自民党総裁選挙で、福田赳夫が田中角栄と決選投票になって敗北した。その夜、福田邸に戻り、自棄《やけ》酒をあおって田中の金権選挙の非道を慨嘆している師匠の酒の相手を務めた。

以後、経世会（旧田中派）の金権支配と公共事業をめぐる政官財癒着《ゆちゃく》の打破が彼のライフワークになった。経世会支配からの脱却や党の世代交代を訴え、「グループ新世紀」をＹＫＫで旗揚げしたことや、のちの「郵政民営化」の実現も、この延長線上にある。

私は、小泉同様に第32回衆議院議員選挙に出馬するも、自民党公認が取れず惨敗。第33回は中曽根（康弘）派の全面的支持を受けることになっていたが、またしても自民党非公認となった。そのため、選挙中は国民的人気のある中曽根康弘、山中貞則（沖縄返還の功労者の一人）、渡辺美智雄らから表立った応援を受けることができず、苦戦を余儀《よぎ》なくされることになった。

高校・大学の同窓会の支援で懸命の選挙戦を戦い抜いたが、終盤になっても当選にわずかに届かない形勢だった。そこで苦肉の策として、同じく公認がとれず東京2区で〝自民党名誉の非公認〟というキャッチフレーズで立候補し、当時、最も人気があった石原慎太郎に応援に来てもらうことにした。

本人も命懸けの選挙中であり、なかなか応諾してもらえなかったが、ついに深夜の電話で口説き落とし、選挙戦最終日に来福してくれた。滞在時間わずか3時間。福岡市内で街頭演説をやってもらったが、3ヵ所で優に3000人の聴衆が集まり、私は、奇跡的に滑り込みセーフで4位当選を果たした。

私はこの恩義を終生のものとし、恩返しの意味もあって、後年（2012年）、私が主宰する派閥、近未来政治研究会（近未来研）の会長を石原の長男・伸晃《のぶてる》に譲った。

小泉は信長、加藤は秀吉

われわれが衆議院議員に初当選した1972年12月は、田中角栄政権誕生の半年後で、いわゆる「三角大福中時代」が始まったばかりだった。その後の約15年、三木、福田、大平、鈴木善《ぜん》幸《こう》、中曽根と六代にわたる政権が続いた。

中でも「三角大福中」と称された五氏は、いずれも非世襲の初代政治家であり、その後のリーダーたちと比較しても重厚かつスケールが格別に大きかったと思う。

戦国時代にたとえると〝鳴かぬなら殺してしまえ時鳥《ホトトギス》〟の信長タイプは田中角栄、〝鳴かぬなら鳴かせてみせよう時鳥〟の秀吉タイプは福田赳夫と中曽根康弘、〝鳴かぬなら鳴くまで待とう時鳥〟の家康タイプは三木武夫と大平正芳といったところである。

また、自らは政権のトップになれなかったが、それぞれの政権の生みの親であったり、強力な支えであったりした政治家も数多くいる。2014年のNHK大河ドラマは『軍師官兵衛』だったが、その主役・黒田官兵衛的な機略縦横な軍師タイプの政治家を挙げると、保利《ほり》茂《しげる》、田村元《はじめ》、後藤田正晴《まさはる》、田中六助、渡辺美智雄、小沢一郎らがいる。

ちなみにYKKでいうと、小泉は信長タイプ、加藤は秀吉タイプ、私は家康タイプ……といいたいところだが、政治家人生を通じてみると、結局、軍師官兵衛的役割に終始したと自認している。

この三角大福中の15年間、加藤は大平内閣で官房副長官、中曽根内閣で防衛庁長官を二期務めた。私は第二次中曽根内閣で官房副長官、小泉は第二次大平内閣で大蔵政務次官を務めた。明らかに加藤は同期の第一選抜で、政治家のキャリアでは、われわれよりも一歩も二歩も先行していた感があった。

一方、ポスト中曽根の時代に入ると、竹下登、宇野宗佑《そうすけ》、海部《かいふ》俊樹と事実上の「経世会支配」が続き、小泉は竹下改造内閣で厚生大臣、私は宇野内閣で防衛庁長官となり、ようやく初入閣を果たした。いずれも当選6回を数えていた。

そしてこの時期、いつまでも続くと思われた「経世会支配」に陰《かげ》りが出ていたことに、渦中にいたわれわれはまだ気づいていなかった。

第1章

55年体制崩壊

——宇野宗佑、海部俊樹、宮澤喜一内閣

防衛庁長官として初入閣

1989年6月3日、リクルート事件の責任を取って竹下登内閣が退陣し、外務大臣だった宇野宗佑が、急遽、後継総理に選ばれた。宇野新内閣の組閣が行われ、私が防衛庁長官に起用されたのは前述の通りだ。

〝同期の桜〟では、小泉純一郎の厚生大臣のほか、三塚博が外務大臣に、野田毅《たけし》が建設大臣に、村岡兼造《かねぞう》が郵政大臣に、越智通雄《おちみちお》が経済企画庁長官にそれぞれ起用され、6人も入閣した。初閣議の後、政策科学研究所（旧中曽根派）の臨時総会が開かれ、宇野首相、野田建設大臣および防衛庁長官の私の3人の就任祝いがあった。新総理が出身派閥に御礼の挨拶《あいさつ》に行ったのは初めてのことだった。

6月5日、衆参両院において宇野新首相の所信表明演説が行われ、私も初めて雛壇《ひなだん》に座った。議場に向かって左側の末席に近かった。何もかも初体験で、緊張の日々だった。

そして、三井、三菱、住友ほか旧財閥グループごとにできていた経済界の私の後援会で、続けざまに大臣就任の祝賀会を開いてもらった。

拓栄会（会長・林規《ただす》氏＝三菱樹脂相談役、於河庄双園）、拓心会（会長・池田守男氏＝のち資生堂社長、於やま祢《ね》）、拓翔会（会長・那須翔《しょう》氏＝のち東京電力会長、於茄子）、拓井会（会長・末松謙一氏＝三井銀行社長、於重箱）、拓友会（会長・植村裕之氏＝のち住友海上火災保険

社長、於河庄双園）、拓建会（会長・野澤清志氏＝東京電力常務、於すがわら）、拓芙会（会長・山本惠朗《よしろう》氏＝のち富士銀行頭取、於重箱）。

今はただ感謝の気持ちしかないが、応援してくれた方々に少しでも政治の仕事でお返しできたのかなと自らに問うと、甚《はなは》だ心許ない。


7月5日には、第15回参議院議員通常選挙が公示された。

自民党は、竹下内閣下でのリクルート問題（１９８８年発覚）や消費税導入問題（１９８９年４月施行）、宇野首相の女性問題等が批判され、完全逆風下での選挙となった。私も、防衛庁長官として全国自衛隊基地の視察をしながら、その地域を地盤とする候補者の演説会に出席し、応援して回った。

14日は、地元・福岡県春日《かすが》市にある陸上自衛隊第四師団福岡駐屯地（遠山久人師団長）を皮切りに、航空自衛隊春日基地など、初のお国入りの大臣視察を行った。

結局、7月23日の投票日、自民党は一人区で3勝23敗と大惨敗して参議院での過半数を失い、日本社会党の土井たか子委員長に「山が動いた」と高言される始末だった。宇野内閣はここに命脈尽きたが、あまりにも短命だった。私の初入閣も69日間の短期に終わった。

8月1日14時、自民党本部8階大ホールにおいて両院議員総会が開かれ、宇野総裁の辞任表明があり、新総裁選びが行われることになった。

翌日10時、赤坂プリンスホテル40階のレストラン「ブルーガーデニア」に、自民党各派閥の事務総長クラスが集まった。経世会事務総長だった小沢一郎が音頭をとった。
清和会の森喜朗《よしろう》・小泉純一郎、宏池会の加藤紘一・瓦力《かわらつとむ》・池田行彦、三木派の坂本三十次《みそじ》・近藤鉄雄、旧中曽根派の唐澤俊二郎・野田毅・山崎拓、経世会（田中派）の羽田孜《つとむ》・梶山静六など、錚々《そうそう》たる面々だった。

3日、前日と同じ場所に同じメンバーが集まり、「次期総理・総裁候補には、リクルート事件に関係のない者を選ぶ」という条件で選考を行った。名前が挙がったのは、橋本龍太郎、海部俊樹だった。ところが海部は、リクルートからかなりの額の資金提供を受けているという情報があり、名前が消えかかった。橋本が最有力と思われたが、ここで小沢一郎が異を唱えた。「スパイ容疑のある中国女性との関係がスキャンダル化する恐れがあって、まずい」と言うのである。

結局、海部が抱えているリクルート献金問題には目をつぶることになってしまった。明らかに、小沢一郎の思惑通りだった。候補が橋本になると、経世会支配が続くことに対する批判が高まると思ったのだろう。また、弱小派閥の海部のほうが御《ぎょ》し易《やす》いとも考えたのだろう。

5日、自民党総裁選挙の受け付けがあり、海部俊樹、林義郎、石原慎太郎の三氏が届け出た。8日14時、両院議員総会で投票があり、海部俊樹279票、林義郎120票、石原慎太郎48票で、海部の圧勝という結果だった。

私は、この際、少しでも初当選時の借りを返そうと思い、派の方針に従わずこっそり石原に投票した。散会後、エレベーターの中で小泉純一郎が、「事実上、経世会支配が続くことになったなあ」と小声で言った。

8月9日、国会の首班指名選挙で、海部俊樹が第76代内閣総理大臣に選ばれた。内閣官房長官は山下徳夫《とくお》、橋本龍太郎は大蔵大臣に就任した。私の防衛庁長官後任者は松本十郎だった。同期では大石千八《せんぱち》が郵政大臣になった。〝リクルート・パージ〟を受けた人は全員、入閣できなかった。

党は小沢一郎幹事長、唐澤俊二郎総務会長、三塚博政調会長という布陣で、事実上の小沢支配の政権となった。私は総務会長代理として小沢一郎の下で党務に本格的に携わることになり、日々の彼の政治手法を観察することになった。私はＳＰ（警護）がいない自由の身に戻り、福岡選挙区に帰ったが、酷暑の中での初盆参りも足が重かった。密《ひそ》かに宇野短命内閣を偲《しの》んで、「七日目の蟬《せみ》が鳴く声か細けり」と日記に記した。

10月になって、私は訪米の機会を得た。

この訪米は、防衛庁の西廣整輝《にしひろせいき》事務次官がすべてアレンジしてくれた。私が防衛庁長官を早期退任したので、本来ならば恒例となっている防衛庁長官の初訪米ができなかったことへの穴埋めの配慮だった。従って、日程は多彩で充実していた。主要な会談相手は、カールッチ前国防長官、ワインバーガー元国防長官、ウォルフォウィッツ国防次官、ソロモン国務次官補等であったが、ワシントン州日米協会シンポジウムにも参加し、「日本の国防政策と政治力学」と題して基調講演を行った。

加藤紘一の助言もあり、その他著名なシンクタンクであるＣＳＩＳ（戦略国際問題研究所）のアブシャイア所長やブルッキングス研究所のアリーナ上級研究員とも意見交換をした。この訪米で、かつて中曽根康弘が私の防衛政務次官就任時に、

「日本の安全保障は、日米同盟関係をギリギリどうやって健全に維持するかにかかっている」

と言われた真意が、良く飲み込めた気がした。

第１１７回通常国会は、この年の12月25日に召集されたが、開会式は１９９０年１月22日だった。竹下内閣で成立した税率３パーセントの消費税の施行時期が１９８９年４月１日からで、国民の抵抗感はすさまじかった。

第一次海部内閣は、消費税廃止を求める国民世論をバックにした社会党をはじめ、野党の攻勢にたじたじとなっており、平成２（１９９０）年度の予算審議が難航すると見た小沢一郎幹事長の圧力で、年が明けた1月24日、海部首相は衆議院解散を決行した。２月３日公示、２月18日投票の第39回衆議院議員総選挙が施行された。

私は大臣経験者であり、かつ党務に携わる者として全国の同志をバックアップするべきであったが、長崎２区の光武顕《みつたけあきら》候補、神奈川２区の原田義昭候補以外はほとんど応援に行く余裕などなかった。福岡１区の私自身の選挙は、２月５日、福岡市のホテルニューオータニで開催した女性後援会「りんどう会」（永倉みゆき会長）の大会に約５０００人が集まってくれて軌道に乗っ

たが、結果は楢崎弥之助《ならざきやのすけ》（社会民主連合＝社民連）、松本龍《りゅう》（社会）両候補に次ぐ第3位（16万388票）の成績だった。

消費税導入の是非を改めて問うこの選挙で自民党は、512議席中275議席を取り、単独過半数を保持した。前年の参議院選挙で快勝した社会党は136議席に終わった。

2月28日、第二次海部内閣が組閣された。主要閣僚は橋本龍太郎大蔵大臣、中山太郎外務大臣、武藤嘉文《かぶん》通産大臣といったところだが、私の同期では深谷隆司《たかし》が郵政大臣に任命された。

3月1日、自民党本部で総務会が開かれ、私は副幹事長となった。

2日、遅ればせながら平成2年度予算審議が始まった。

5月17日になって、私は突然、消費税見直し・廃止両法案を審議する衆議院税制問題等調査特別委員会（税特委）の委員長に就任することになった。加藤紘一が筆頭理事を引き受けてくれたので、審議は順調だった。

これは、自民党の首領《ドン》・金丸信《かねまるしん》の人事だといわれていた。幹事長の小沢が、下にいる副幹事長の私がどうも目障《めざわ》りなので、「委員長に転出させよう」と、金丸に頼んだと仄聞《そくぶん》した。そこで私は、派閥（政策科学研究所＝政科研・旧中曽根派、当時渡辺派）の会長を櫻内義雄から禅譲されていた渡辺美智雄に、金丸－小沢ラインの私に対する政治的圧力からの防波堤になってもらうことにした。

6月21日夜、税特委は消費税関連法案の採決を行うことができてホッとした。

4月1日から大型の暫定予算を組んでいた本予算も、大幅に遅れていたが、6月7日にやっと成立した。国会も6月26日にようやく閉会した。

これに先立ち、ゴールデンウィークは政科研の渡辺美智雄会長を団長とする一行10人で訪中した。出発前に、中国問題のエキスパートである加藤紘一よりレクチャーを受けた。

上海にて渡辺団長は、のちに中国の首相となる朱鎔基《しゅようき》上海市長と上海西郊賓館で会談した。北京では、江沢民《こうたくみん》総書記、李鵬《りほう》首相、呉学謙《ごがくけん》副首相らと会談した。発言するのは専《もっぱ》ら団長の渡辺で、私は団の幹事長としてノートテイカーを務めた。通訳は、中日友好協会の王秀雲《おうしゅううん》氏（現・副会長）が務めてくれた。

振り返ると、この1990年を境《さかい》として、わが国の政治・経済は国際情勢の激変の波に飲み込まれていったといえる。冷戦構造もバブル経済も崩壊した。

8月2日、イラクがクウェートに侵略を開始した。

その日、私たちはカナダのカルガリーにいた。関谷勝嗣《かつつぐ》、出光興産の遠山寿一広報課長らと、エネルギー調査団団長としてカナダ各地の原子力・天然ガス・石炭等エネルギー資源開発の拠点を視察していたのだが、この情報を得て、予定を切り上げて直ちに帰国することにした。

東京に戻った私は、イラク・クウェート紛争の成り行きに注目し、外務省、通産省より状況報告を受け、経済界の意見を聞くことにした。

しかし国会は、閉会中審査（国会閉会中に委員会で重要な案件を審議すること）をやる気配もなく、盆休みを取って例年通り選挙区で初盆参りを１００軒ほどこなし、盆明けの16日に上京。その夜は、財界芙蓉《ふよう》グループ（旧富士銀行系列）の後援会・拓芙会の会合に出席した。出席者の一人であった石川島播磨《はりま》重工業の井上誠一特別顧問らから、この有力産油国二国間の紛争は、エネルギー安全保障上、わが国に重大な影響が及ぶ可能性があるので、早期に収拾策を講じるよう要請された。去る８月８日、イラクはクウェート併合を宣言していた。これに対し、国際連合安全保障理事会（国連安保理）は、イラクに対して即時撤退を求めるとともに、対イラク経済制裁措置を発表した。

不穏な雰囲気が続く17日の朝、議員会館の私の室《へや》に米国大使館からデミング公使がやって来て、８月２日に採択された国連安保理決議６６０号でイラクへ即時無条件撤退を要求するとともに、対イラク経済制裁を行うこと、および、とりあえず米国軍隊をサウジアラビアへ展開するとの話があった。続いて、防衛庁の藤井一夫防衛局長も訪れ、同様の状況報告があった。

20日、海部首相から官邸に呼ばれ、わが国の対応ぶりについて防衛庁長官経験者としての意見を聞かれた。そして24日、自民党国防三部会（国防部会・安全保障調査会・基地対策特別委員会）が開かれ、その席上、私から海部首相に進言した内容について次のように報告した。

「わが国のエネルギー安全保障の見地から原油の確保は必須の課題であり、わが国はクウェートにおける権益保全のために、自衛隊海外派遣等の軍事上の貢献はできないとしても、非軍事面で何か貢献できることはないか、真剣な検討をすべきだと申し上げた」

まだこの時点では、多国籍軍が編制されイラク攻撃に踏み切ることは決定されていなかった。

26～30日、日本・インドネシア友好議員連盟会長である渡辺美智雄を団長とするインドネシア訪問団一行10人で、ジャカルタおよびバリ島のデンパサールを訪れた。スハルト大統領をはじめ多くの要人と会談した。穏健なイスラム国であるインドネシアも、イラクのクウェート侵攻を強く批判していた。一行の中には与謝野馨《よさのかおる》もいたが、彼は無類の囲碁《いご》好きで、携帯用磁石付きの碁盤と碁石を携行《けいこう》していた。私も碁が好きなので、往復の機中で碁を打った。「中東情勢が険悪な中で、暢気《のんき》過ぎる」と同行記者団に揶揄《やゆ》されたが、渡辺団長の人柄の良さもあって和気藹々《わきあいあい》の旅であった。

帰国直後の9月1日には、今度は中国・北京に飛び、中国の軍人・政治家である遅浩田《ちこうでん》総参謀長ほかと会談し、中東情勢について意見交換した。中国としては、その前年（1989年）にベルリンの壁が崩壊して米ソ冷戦構造が解消したばかりで、いまだ中東情勢を自国にとってリスキーな問題と考え、積極的に関与する考えはないようだった。

続いて、自民党安全保障調査会会長代理だった私に、党から訪米の要請があり、9月9日、ワシントンに飛んだ。加藤紘一の愛弟子・中谷元《なかたにげん》らが同行した。現地ではチェイニー国務長官らと会談。テーマはすべて中東軍事情勢および、それが世界の平和と安全に及ぼす重大な影響についてだった。

さらにハワイに向かい、太平洋軍総司令官ハーディスティ大将を訪問し、第七艦隊を中心とする太平洋軍の情報ブリーフィングを受けた。後で考えると、米国はイラク空爆に踏み切るための根回しを、日本やＮＡＴＯ（北大西洋条約機構）の同盟国に対して行っていたのだった。

帰国後、直ちに外務省・防衛庁の高官を呼び、わが国としての対応について協議に入り、国連平和維持活動（ＰＫＯ：Peacekeeping Operations）への参加を検討することにした。その頃、私にとって最大の知恵袋は西廣整輝前防衛庁事務次官で、国連平和協力法の制定を急ぐことになった。

10月12日、「国連平和維持活動協力法案」を審議するための第１１９回臨時国会が召集された。今度はこの法案を審議する特別委員会の委員長に加藤紘一が就任し、私が筆頭理事になった。野党公明党の賛成なしにこの法案の成立は不可能だった。公明党は、審議にあたって７項目からなる基本方針を決めた。その内容は、

一、国連平和協力は、憲法擁護《ようご》・国連中心主義を原則とする。
二、集団的自衛権の不行使、海外派兵の禁止など従来の平和原則を順守する。
三、国連平和協力法は湾岸危機に限定した時限立法とする。
四、国連平和協力隊の任務は非軍事に限定、その分野は医療・輸送・通信・建設とする。
五、難民救済は各分野にわたり積極的に行う。

六、自衛隊の国連平和協力隊への組織としての参加は認めない。
七、自衛隊員の身分は「休職・出向」とし、併任や小火器の携行は認めない。

この7項目は、特別委員会の審議にあたっての一種のテーゼとなった。特別委員会における公明党の理事は二見伸明《ふたみのぶあき》で、私のカウンターパート（対応する相手）だった。二見は、飄々《ひょうひょう》としていて頭脳明晰《めいせき》。巧《たく》みな弁論家で摑《つか》みどころのないタイプだった。

自公間には、俗に「一・一ライン」と呼ばれた自民党の小沢一郎幹事長と公明党の市川雄一書記長の間にパイプが存在し、この2人が司令塔となって委員会審議に容喙《ようかい》してきたため、加藤と私は非常にやりづらかった。そこで一計を案じて、10月30日、氏家齊一郎《うじいえせいいちろう》氏（のち日本テレビ社長、会長）をわずらわせて、矢野絢《じゅん》也《や》前公明党委員長を料亭「金龍」に呼び出してもらい、善後策を講じた。

矢野は、審議中の法案はこの際廃案にして、海部内閣を潰《つぶ》し、新内閣がＰＫＯだけの法案にして出し直したほうがいい、と一見無茶な提案をした。結局、その通りになるのだが、これを受けて11月4日、全日空ホテルの７０１号室で加藤委員長とともに二見伸明理事と会い、「この法案はとりあえず審議未了とし、将来、ＰＫＯ法案を策定するための各党協議機関を設置すること」で合意した。

10日、臨時国会はようやく閉会した。

YKK誕生

イラクはその後もクウェート占領を継続し、国連の度重なる撤退勧告も無視したため、11月29日、国連安保理は、翌1991年1月15日を撤退期限とした対イラク武力行使容認決議（決議678号）を採択した。

大晦日の夜、福岡の自宅で紅白歌合戦を観ていたら、加藤紘一より電話があった。背後からは、橋幸夫の『いつでも夢を』が流れていた。加藤曰く、

「われわれも当選回数を重ねて一応大臣にもなった。党のこと、国家のことを腹蔵なく話し合える政界の同志作りをしたい。伊東正義、藤尾正行、奥野誠亮《せいすけ》の3人は当選同期だが、まったく思想信条の異なる先輩政治家たちが、数ヵ月に一回集まって仲良く国政を論じている。羨《うらや》ましいね。僕らもやろうよ」

と言うので、「どういう顔ぶれにするかな」と私が聞いたら、

「政科研（中曽根派）の拓さんと宏池会の僕のほかに、清和会から一人選んで、三派で反経世会グループを作ろう」

という提案だった。

1991年1月17日、米・英をはじめ加盟34ヵ国からなる多国籍軍は、国連安保理決議678号に基づくイラク空爆を開始した。

25日には、衆議院本会議場で海部首相の施政方針演説に続き、中山太郎外務大臣の外交演説が行われた。その最中に、机を並べている加藤から、

「例の話だが、清和会は、当選同期でわれわれと同年輩は小泉（純一郎）しかいないぞ」

と言われたので、

「小泉はエキセントリックな男だから、話が合わないよ」

と、私は答えた。

加藤は「じゃあ本人に聞いてくる」と言って、少し離れたところに議席があった小泉の元に行った。すぐに戻ってきて、

「本人に『君はエキセントリックだと拓さんが言っているが本当か』と聞いたら、小泉は『そうだよ、俺はエキセントリックだよ』と言った。面白い男だ。ぜひ仲間にしよう」

と言うので、私も「ほかにいないから、そうするか」と仕方なく言った。

そして、その晩のうちに赤坂の料亭「金龍」に集まり、杯《さかずき》を交わし「経世会支配打破」を誓った。

YKKのネーミングは、この時、加藤が提唱したものである。加藤によるとこのネーミングの由来は、ファスナーの生産で有名な吉田工業株式会社（現・YKK株式会社）の商標「YKK」から取ったとの由《よし》。3人の苗字のイニシャルはY・K・Kだし、ファスナーはしっかりした結束を意味している。また、吉田工業は宏池会人脈と縁が深く、応援も長い間受けている、とのことだった。本来、ワーディング（言葉で表現すること）は小泉の得意の分野だが、「本件」ばかり

は加藤の提案に異議を挟まなかった。

2月13日の晩、銀座の「吉兆」に、秩父セメント会長で経済同友会地方活性化委員長である諸《もろ》井虔《いけん》氏からYKKが招かれた。諸井氏は、高級ワインを振る舞い、YKK同盟発足の乾杯の音頭を取ってくれた。そして、「国際国家日本として、湾岸危機対処に誤りなきを期《き》すように」と、要望された。

この間、中東では「砂漠の嵐作戦」と呼ばれる戦争開始の空爆に続き、24日には、陸上部隊による進攻が始まった。100時間後にはクウェートを解放し、戦闘を停止した。空中戦・地上戦は、イラク・クウェートおよびサウジアラビア国境地域に限定されたが、多国籍軍の圧倒的勝利だった。

そんなこともあり、25日には、六本木にあるスッポン料理店「冨綱」で毎日新聞の岩見隆夫・松田喬和《たかかず》両氏と痛飲した。3人で2升呑《の》んだら、店から追い出されてしまった。岩見氏もかなりのタカ派だったが、自衛隊海外派遣には反対だった。しかし、停戦後にペルシャ湾にイラクが敷設した機雷の除去を自衛隊が引き受けることについては「賛成する」と言った。二次会で、加藤紘一が近くのバー「ロホネス」で政治記者たち（NHK諸星衛《まもる》、読売新聞小田尚《たかし》、フジテレビ渡辺奈都子各氏ら）と呑んでいたので合流したが、われわれがあまりに酔っていたせいか、敬遠された。

この時の戦費は、約600億ドルといわれているが、そのうち約400億ドルはサウジアラビアから支払われたとされ、自衛隊を派遣できない日本は約130億ドルも払った。その財源の大半は、石油臨時特別税から調達された。私はその頃、自民党政務調査会副会長というポストに就いており、自民党政調審議会（政審）・総務会でまったく異論が出ないことに驚いたが、結局、戦費の2割強を日本が負担した。

2月27日に停戦となり、フセイン大統領は敗戦を認めた。多国籍軍兵士は400人近くが死亡。クウェート政府はワシントンポスト等に感謝広告を出したが、対象国は20ヵ国以上に達したものの、日本国は対象外だった。これが日本政府、なかんずく外務省のトラウマとなり、この後、国際集団安全保障への自衛隊派遣の可能性を追求し続けることになった。

3月に入ると、暫定停戦協定が結ばれ、湾岸戦争が終結した。これを受けて5日12時から東京倶楽部（六本木）で、池田行彦防衛庁長官および中曽根康弘、加藤紘一をはじめとする歴代防衛庁長官経験者との懇談会が開かれた。私も同席した。わが国の資金面での貢献が、クウェートをはじめ国際社会からあまり評価されていないことについて、政府側の説明はあいまいで釈然としなかった。

結局ペルシャ湾へ掃海《そうかい》部隊を派遣し、遺棄機雷の除去を行うことが池田長官から提案された。つまりこれをもって、戦後処理ながら、わが国も軍事的貢献を行ったことにしようという提案だが、反対意見はなかった。

「PKO法案を通せ」

その年（1991年）の春は、ひとつの節目だった。全国統一地方選挙が一斉に始まった。東京都では、鈴木俊一知事が四選を果たした。鈴木の対立候補であった磯村尚徳《ひさのり》を推《お》した小沢一郎自民党幹事長が引責辞任した。

4月11日、国防三部会が開かれ、再び掃海部隊派遣が議論となり、衆議一決した。午後、小渕恵三幹事長と会い、党側の意向を伝えた。

16日、防衛庁長官指示が出て態勢が整った。20〜26日にかけて、掃海部隊は呉《くれ》、横須賀、佐世保《させぼ》から一斉に出発し、全部で6隻が奄美《あまみ》沖で合流することになった。私は26日の朝、海上自衛隊横須賀基地から出航する掃海部隊の見送りに行った。見送りに来ている隊員家族とのしばしの別れのシーンが感動的だった。小泉純一郎の地元なので、秘書である実弟の小泉正也も顔を出し、懸命に手を振っていた。

5月2〜7日、恒例になっていたゴールデンウィーク外遊は、渡辺美智雄のお供をしてスウェーデンのストックホルムとソ連（当時）のモスクワを駆け足で回った。渡辺から、

「日本も間もなく、国連PKOに自衛隊を派遣する時代が来るから、加藤紘一君と組んでPKO法案を通せよ」

と言われた。

加藤のことは、渡辺温知会（政科研内のグループ）の準メンバーとして遇していたが、小泉についてはは仲間意識を持っておられないようだった。モスクワではボリス・エリツィンロシア共和国最高会議議長と会談されたので陪席したが、エリツィンは酒癖が悪いという評判で、昼間から酔っぱらっているように見えた。6月12日には、ロシア初の国民有権者の直接選挙による大統領選挙が控えていた。だが、

「こいつは頼りない。6月の大統領選挙では、勝っても長続きしないだろう」

というのが、会談後の渡辺と私の感想だった。

14日には、公明党の二見伸明と議員会館で会い、国連平和協力法案（PKO協力法案）の再提出を政府に要請しようと申し合わせ、2人で夕刻、首相官邸に大島理森《ただもり》官房副長官を訪ね、申し入れた。

また、22日から連日、加藤紘一、公明党の二見伸明、大島官房副長官、防衛庁の宝珠山昇《ほうしゅやまのぼる》参事官らと立て続けにPKO協力法案提出準備の打ち合わせを行った。

自民党国防三部会では、PKO参加に限定せずに、自衛隊による国際貢献の方途を定めるための国連平和協力法制定問題で討議した。このほか、自民党政務調査会国際貢献調査会が設置され、佐々木毅《たけし》東京大学教授、政治評論家の屋山太郎氏、小林陽太郎富士ゼロックス社長等、当問題に識見のある講師を招いて勉強会が行われた。

加藤は必ず出席していたが、小泉は欠席だった。

7月10日、私は中谷元らとクウェートへ向かった。到着するや、さっそくクウェート政府を訪問。サアド首相と会談し、

「クウェートが湾岸戦争直後に、ワシントンポスト紙の全面を使って謝意を表した広告には、クウェート解放に貢献したすべての国の国旗が掲載されていたが、金銭的な貢献しかしなかった日本は除かれた」

と指摘し、掃海部隊が現在活動中であることを報告して、認識を改めるように要望した。サアド首相は判ってくれた。

翌11日、国連イラク・クウェート監視団（UNIKOM）の視察に出掛けたが、その途中、燃え続けている油田の煤煙で一行の耳も鼻も煤《すす》だらけになった。UNIKOMは、イラクとクウェート間の非武装地帯監視を任務としている平和維持活動だが、監視要員の一人のイギリス兵に危険度を聞くと、

「人間に襲われたことはない。最大の敵は夜中にテントに忍び込む蛇と蠍《さそり》だ」

とユーモラスに答えた。私はふと、「蛇蠍《だかつ》の如《ごと》く嫌う」という表現を想起した。

13日の夕刻、帰国便が成田空港に到着すると、すぐに記者会見が始まった。自衛隊がPKOに参加した場合の危険度について質問が集中したので、こう答えた。

「武力衝突が再発する危険度がほとんどないPKO活動になら、自己防御のための装備をして参加しても良いと思う」

16日の正午、自民党本部で開催された「国際貢献調査会」で、高坂正堯《こうさかまさたか》京都大学教授が講演した。この調査会は小沢（一郎）調査会とも呼ばれているが、小沢は、「国連決議があれば多国籍軍に自衛隊を派遣できる」と主張しており、高坂教授の意見が注目された。

私がUNIKOMの実態を報告しながら、

「PKO部隊なら平和維持活動であるから、武力行使をしないのが原則なので参加可能だ」

と発言したら、高坂正堯教授も同調された。

19日は、千葉県市原市のキングフィールズゴルフ場にYKKが集合した。小泉が福田康夫を、加藤が金子一義を、私が木村義雄を誘って合計6人が集った。

私にとっては生まれて初めてのゴルフだったので、スコアは散々でノーカウントにされた。右に左に打ち分け、キャディも呆《あき》れてボールを拾いに行かない。ボールを棄《す》てるのはもったいないので左にフックしたら小泉、右にスライスしたら加藤とロストボールを探しに行く始末。小泉、加藤両氏のスコアはいずれも82、83と拮抗《きっこう》し、なかなかの腕前だった。

私は二度とゴルフはしない、と心に誓った。

海部俊樹内閣倒閣の狼煙

7月25日、首相官邸に海部俊樹首相からYKKが呼び出された。総理からは、

「次の臨時国会に政治改革関連法案（小選挙区制度導入）を提出するので、これ以上反対せずに協力してほしい」

と、要請された。というのも、6月28日と29日の自民党総務会で、小泉を先頭にわれわれYKKが猛反対したからだ。小泉は直截《ちょくせつ》に、私と加藤は婉曲《えんきょく》に断った。

8月5日、第121回臨時国会が召集された。季節は真夏になっていた。海部首相は、所信表明演説で「政治改革の実現こそが時代から託された使命である」と述べ、政治改革の断行を強調した。

8日夕刻、キャピトル東急ホテル2階「ことぶきの間」にYKKが集まり、改めて政治改革関連三法案が上程されても、党内から反旗《はんき》を翻《ひるがえ》して、廃案に追い込むことを申し合わせた。

15日の晩は紀尾井町の料亭「清水」で行われた渡辺美智雄・矢野絢也前公明党委員長との会談に同席。政治改革法案の取り扱いについて意見交換が行われた。両氏とも中選挙区制度支持派であり、小選挙区制度の導入には反対だった。

9月4日の正午、全日空ホテル812号室にYKKが集まり、昼食をとりながら会合。政治改革法案成立阻止対策を協議。

10日の衆議院本会議で、政治改革三法案の趣旨説明質疑が始まった。本会議は、異例の3日間にわたった。

翌11日は、参議院福岡選挙区補欠選挙に立候補した重富吉之助候補の出陣式が福岡市内警固《けご》神社境内で行われた。私は応援演説をした後、12時15分発ＡＮＡ２５２便で直ちに上京し、15時から全日空ホテル８１２号室で開かれたＹＫＫ打ち合わせに出席した。川崎二郎、亀井善之も同席した。政治改革法案成立推進組の顔ぶれを分析、対策を協議するのが目的だった。

12日午後、議員会館の加藤の部屋に再び集合し、これに対抗して国会議員の２００人を糾合《きゅうごう》することを目標に、反対勢力の再結集を申し合わせた。

いざ、衆議院政治改革特別委員会の審議が始まると、海部首相は自ら答弁に立って小選挙区比例代表並立制導入を柱とする「政党・政策本位の選挙実現」など政治改革の必要性をくり返し強調した。

この頃は、とにかくめまぐるしい日々が続いた。

17日の晩には、ホテル西洋銀座１１２０号室にて、日本テレビの氏家齊一郎氏、堤清二《つつみせいじ》セゾングループ総帥、平岩外四《ひらいわがいし》東京電力会長の経済界三氏と森喜朗、加藤紘一、私の政界3人、計6人で集まり、政治改革論議を行った。われわれサイドは、清和会から小泉でなく森が出席したため、小選挙区制導入反対は加藤・山崎だけで、4対2とやや不利な形勢だった。私と加藤は21時から赤坂プリンスホテルの一室に移動し、ＹＫＫと川崎二郎・亀井善之の5人で改めて態勢の立て直しを話し合った。羽田孜自民党選挙制度調査会長が、「小選挙区制度の導入こそ政治改革の切り札である」と新聞・テレビで熱心に説くので、われわれは公明党と反対の共闘を組もうということになった。

19日には、料亭「藍亭」で再び、渡辺美智雄と矢野絢也前公明党委員長との会談に同席した。渡辺から、

「政治改革法案に反対することによって政局にしよう」

と持ちかけられ、矢野もこれに同調した。

そして、24日15時、世田谷区深沢にある小沢一郎前幹事長宅をＹＫＫで訪問。

「海部俊樹首相が政治改革法案成立に固執するなら倒閣に走る」

と宣言した。海部政権の生みの親であるはずの小沢も、

「海部は政治音痴だ」

と切り捨てた。

その夜、赤坂プリンスホテルの「ナポレオン」にＹＫＫと川崎二郎・亀井善之の5人が集まり、来《きた》る9月29日、参議院補選終了後直ちに倒閣の狼煙《のろし》を上げることを申し合わせた。

30日早朝、衆議院政治改革に関する特別委員会委員長の小此木《おこのぎ》彦三郎の許《もと》へ小泉が出掛けた。小此木委員長は、小泉の進言を受け入れたと見え、政治改革関連三法案を「審議未了・廃案」の取り扱いとする方針を表明した。

これに対し同日夕刻、海部首相は「重大な決意」と発言し、国会を解散して民意を問う決意を示唆《しさ》した。

そこで10月1日の晩、ホテルオークラ１０７０号室に宮澤・三塚・渡辺三派の事務総長および

事務局長クラス10人が集合した。海部首相が国会解散のための閣議で解散詔書への署名を求めても、署名に応じないよう、それぞれ各派会長から三派所属の閣僚に指示してもらうことになった。私からは、関谷勝嗣郵政大臣と谷洋一北海道開発庁長官兼沖縄開発庁長官にその旨伝えることを引き受けた。加藤は近藤元次《もとじ》農林水産大臣と小里貞利労働大臣に、小泉は大塚雄司建設大臣と吹田愰《ふきだあきら》自治大臣兼国家公安委員会委員長に、それぞれ協力要請を行うことになった。

4日、実力者の金丸信が動いた。

金丸信からの電話で引導を渡され、解散権行使は無理だと観念した海部首相は、やむなく「退陣表明」を行った。その直後から新総裁を目指す宮澤喜一、三塚博、渡辺美智雄三派は一斉に総裁選に向けて走り出すことになる。

小沢一郎による〝面接試験〟

10月7日の晩、ホテルオークラ830号室で、YKKをはじめ三派の幹部クラスが会合し、話し合いで候補者一本化を模索したが、すぐにはまとまらない。結局、最大派閥である経世会がキャスティングボートを握ることになり、「金丸裁定」に委《ゆだ》ねられることになった。各派は金丸詣《もう》でを始めた。

8日の午後、渡辺美智雄、山口敏夫と私の3人でパレロワイヤルマンションの金丸信事務所を訪問した。山口敏夫が開口一番、

「経世会の推す候補は渡辺美智雄にしていただきたい。渡辺内閣ができれば、私が官房長官にな

る予定です。その時は官房機密費はまるごと金丸先生に差し上げます」

と言った。

渡辺美智雄は飛び上がるように驚いて、

「おいおい、俺はそんなことを言った覚えはないよ」

と、強く山口の発言を制した。私も、渡辺から「俺が総理になったら君が官房長官だ」と言われていたので心外だった。

金丸は苦笑するのみだったが、無謀な山口の発言で渡辺首相の目はなくなった。


10日に、経世会の宮澤・三塚・渡辺三候補に対する面接試験が行われることになった。試験官は金丸信でなく小沢一郎が代行した。世に広く知られることになったエピソードだ。

三候補にはそれぞれ介添え役がつくことになったが、私はその役回りを野田毅に譲り、所用もあって選挙区福岡に帰った。面接試験の結果、経世会の推す候補は宮澤喜一に決まり、これが大勢を決することとなった。

巷《ちまた》の噂では、小沢一郎は渡辺ファンだったが、金丸夫人が渡辺嫌いで、宮澤嫌いの金丸もやむなく小沢に宮澤指名を指示した、とのことだった。私は、そんな単純なものではなかろうと思っていたが、翌11日、経世会の臨時総会で宮澤支持が決定された。すべて後の祭りだった。

それでもわれわれは、総裁選に突き進んでいった。12日の晩、北九州市の小倉市民会館で自見《じみ》庄三郎《しょうざぶろう》主催の「渡辺美智雄氏を総理・総裁に推す会」が開かれ、約１０００人が集まった。渡辺は〝ミッチー節〟を吹き鳴らした。

15日には砂防会館（平河町）2階で政科研総会が開かれ、渡辺美智雄選対本部の立ち上げが決まった。選対本部長は櫻内義雄が引き受け、私は事務局長となった。

25日、JR新宿駅西口の街頭で、それぞれ総裁選候補政見発表演説会が開催された。3人の候補者はそれぞれ持ち味を出した演説をした。身びいきのせいか、

「減税と財政再建を一緒に訴えるのは、毛針で魚を釣るようなものだ」

と説くミッチー節が、いちばん受けが良かったように思う。


27日、自民党総裁選挙の投票が行われた。宮澤喜一285票、渡辺美智雄120票、三塚博87票だった。経世会の支持を受けた宮澤の当選は既定路線だった。私は、渡辺美智雄が自派の基礎票の倍の票を確保したので、ホッとしていた。


29日の晩には、料亭「金龍」にYKKが集まり、宮澤内閣の組閣対策について話し合った。加藤は、

「自分が内閣官房長官になるはずのものだが、宮澤さんが躊躇《ちゅうちょ》しているように感じられるので、小沢一郎前幹事長に念を押してもらおう」

と言った。それが固まれば、小泉・山崎の入閣を強力に推進するとも言った。

翌日の晩も、「金龍」にYKKで集まった。加藤曰く、

「宮澤総裁は人事をすべて小沢一郎に委《まか》せるらしい」

とのことだった。小泉は、

「俺は入閣しない。小沢の世話になるわけにはいかない」

と言った。私は、

「自分の入閣問題は渡辺さんに預けてある」

とだけ話した。小泉が続ける。

「経世会支配打破のためせっかく海部政権を倒したが、宮澤政権も経世会支配じゃないか。どうせ加藤さんが官房長官に指名されるんだろうが、小沢の言いなりにはなるなよ」

31日の晩は虎ノ門「ざくろ」で、渡辺美智雄、山口敏夫、越智伊平と私とで、宮澤新内閣の人事の行方について話し合った。山口が話をリードし、

「渡辺派として、渡辺美智雄会長の副総理・外務大臣としての入閣を最優先し、拓さんと越智伊平さんを経済閣僚に抜擢《ばってき》するよう、渡辺会長から小沢さんに申し入れてほしい」

と発言した。さらに、

「その代わり、いずれ渡辺内閣が実現するだろうから、その時は拓さんでなく、僕が官房長官になる」

と嘯《うそぶ》いた。渡辺は「そんなこと今から決められるか」と言下に否定した。

元新自由クラブ幹事長の山口敏夫は、どうも小沢一郎との関係が良くないように思われた。

宮澤喜一内閣の建設大臣に就任

11月5日15時、衆議院本会議で首班指名選挙が行われ、宮澤喜一が第78代内閣総理大臣に任命された。直ちに組閣に入り、渡辺美智雄が副総理・外務大臣、私は建設大臣に、同期の野田毅が経済企画庁長官に任命された。官房長官は予定通り、加藤だった。小泉の属する清和会からは塩川正十郎が自治大臣・国家公安委員会委員長に就任した。

衆参両議院で宮澤新首相の所信表明演説が行われ、およそ2年ぶりに私は雛壇（閣僚席）に座った。小泉の座席を見ると、彼は副幹事長が座る列に平然と座っていた。

19日の夜は、新橋の料亭「金田中《かねたなか》」にYKKが集合した。小泉が加藤の官房長官、私の建設大臣就任を祝うという趣旨だった。小泉は、宮澤内閣が政治改革の実現を最重要課題に掲げていることについて論難し、「現行の中選挙区制度を維持すべきだ」という持論を改めて述べた。私からは、加藤官房長官がその方向へ党内世論をうまく誘導するように頼んだ。

26日、料亭「金龍」に建設省の牧野徹事務次官ほか幹部を招宴した。酔った彼らの口から、「予算編成時にはこれまで、小沢（一郎）さんに全面的にお世話になってきた」との発言まで出た。建設行政に対する経世会支配の浸透ぶりを肌で感じた。

12月11日、私の誕生日に、久しぶりでYKK会合を行った。やはり「金龍」だった。加藤から、「やはり経世会の小沢一郎や羽田孜が依然として政治改革（小選挙区制導入）に執念を燃やしている」との報告があった。

この日から、3人の割り勘で購入したカラオケの機械が入ったので、さっそく歌うことになった。加藤が今どきのうたばかり10曲くらいマイクを独占したが、小泉は2曲、私は1曲（『白いブランコ』）を歌った。小泉がいちばん歌が上手だと思った。

16日には、料亭「三浦」でYKK＋中村喜四郎《きしろう》（以下、YKK＋N）の忘年会があった。中村は経世会であるが、小沢一郎とはウマが合わず、加藤官房長官が経世会情報の収集と小沢対策で仲間に引き入れたと思われた。

3日後には紀尾井町の料理屋「吉祥」でYKKと連合（日本労働組合総連合会）幹部が会食した。連合側は、山田精吾、得本輝人、鷲尾悦也、高木剛、南雲光男、笹森清各氏といった顔ぶれだった。この会も、加藤が連合と自民党とのパイプ作りに行ったものだが、和気藹々の雰囲気で難しい議論はなかったが、山田精吾事務局長のいつもの労働分配率強化論だけは印象に残った。

この年のクリスマスイブには、ユニークなプレゼントを貰った。紀尾井町の料亭「福田家」で、吉田工業株式会社（YKK）の吉田忠雄社長による招宴があった。吉田社長からは、マスコミの政治ニュースで「YKK」の活躍が連日報道されるので非常に宣伝になっている、と感謝された。御礼としてカフスボタンを貰ったが、私の分は「Y」、あとの2人は「K」のイニシャルでできていた。

28日、概算閣議があり、平成4（1992）年度政府予算案と財政投融資計画が決定した。一般会計72兆2180億円（2・7パーセント増）、財投計画40兆8022億円（10・9パーセント増）、うち公共事業費8兆1709億円（4・5パーセント増）は一般歳出38兆6988億円（4・5パーセント増）の21パーセントを占め、社会保障費12兆7374億円（4・3パーセント増）に次ぐ大きな額であった。わが建設省はその最大の担い手であり、職責の重大さを痛感した。

佐川急便事件と経世会

年が替わって1992年1月6日、中央合同庁舎で建設省および建和会合同新年名刺交換会が開かれた。大手ゼネコン、不動産業界等、建設関連業界のトップが出席した。私は建設大臣としての挨拶で、「多極分散型国土の形成と地方拠点都市を中核に、国土の均衡ある発展を目指すこと」を強調した。

田中角栄の日本列島改造政策の延長線上にある考え方であり、小泉が公共事業費膨張を正当化していると批判するところだ。耳が痛い話だ。

9日には、日本を公式訪問中のジョージ・H・W・ブッシュ大統領の宮中晩餐《ばんさん》会に列席した。宮澤首相、加藤官房長官をはじめ全閣僚が出席した。後年、ブッシュ・ジュニアと親密な関係となる小泉は、この時は出席していなかったし、誰もそのような未来予測は持っていなかった。

建設大臣としてようやく初の「お国入り」ができたのは、14日になってからだ。奥田八二福岡県知事、桑原敬一福岡市長ほか、川合辰雄九州経済連合会（九経連）会長や九州財界との懇談会などがあり、17時30分から九州地方建設局で記者会見を行った。私は、国道外環状道路並びにその上を走る都市高速道路の早期建設を発表した。1991年度10億円の調査費を一挙に300億円に増やし、1992年度の着工を可能にした。これが「山崎道路」と呼ばれる所以《ゆえん》になった。

16日、紀尾井町の料亭「福田家」に若狭得治《わかさとくじ》全日空名誉会長以下、全日空幹部からYKKが招かれた。同社の私の同窓の友人である熊谷勝昭企画管理室長が設営した席である。全日空側は、現行の航空行政のあり方に強い不満を示したので、加藤官房長官から奥田敬和《けいわ》運輸大臣に伝えることになった。

27日には、銀座「吉兆」で、「山崎会」なるものが開かれた。メンバーは防衛庁の西廣整輝顧問、日吉章《あきら》事務次官、河野俊二東京海上火災保険社長、諸井虔秩父セメント会長の4人だった。西廣・日吉両氏は、私が建設大臣になったのを残念がって、今後とも陰の防衛庁長官であってほしい、と言われて感激した。そして、防衛予算の確保等に微力を尽くすことを約束した。

30日の晩、「金龍」に、YKK＋Nが集まった。加藤官房長官は、「小沢裁定でできた宮澤政権なので、政権維持のためには経世会の協力が要る」との考えだったが、中村喜四郎の話によると、経世会内部に亀裂が生じ始めているようだった。その日、小泉は終始寡黙だった。

2月4日の晩、また「金龍」で、諸井虔氏（秩父セメント）、河野俊二氏（東京海上）、山口信夫氏（旭化成）の三氏と加藤官房長官との意見交換会を開いた。経済界の意見が宮澤首相に少しでも届くように、との考えだった。諸井氏は、YKKが政治改革に反対する〝守旧派〟と目されていることを心配していた。

12日には「金龍」でYKKだけの会合をした。加藤官房長官から、政治資金規正法違反で佐川急便が検察庁の捜査対象となっており、リクルート事件のような大疑獄になるかもしれない、と聞かされた。

2日後、その言葉通り、東京佐川急便の前社長ら4人が逮捕された。

2月26日、「金龍」でYKK+Nの会合。加藤官房長官が、「佐川急便事件は経世会のボスがターゲットになっている」と中村に告げたが、中村は「そんなことはありえない」と否定してみせた。


気がつけば3月になっていた。

9日、「金龍」でYKK会合があったが、佐川急便事件の進展で中村喜四郎は呼ばなかった。加藤官房長官は、野党側の同事件追及が急で、平成5(1993)年度政府予算案の審議が大幅に遅れていることを心配したが、小泉は、3月14日には衆議院を通過させ、参議院に送付できるとの見通しを示した。

16日朝、赤坂迎賓館で国賓として来日したアルベルト・フジモリペルー共和国大統領の歓迎行事、夜には宮中晩餐会があり、いずれも宮澤首相、加藤官房長官ほか全閣僚が出席した。

23日、料亭「金田中」で竹下登元首相、氏家齊一郎氏、堤清二氏、平岩外四氏、加藤官房長官との会食があった。平成改元の由来など、竹下の独演会の感があった。佐川急便事件についてはあえて話題にしたくない様子だった。

4月1日には、「金龍」で再びYKK＋Nの会合が行われた。国会では野党側の佐川急便事件に係る追及で予算審議が進まず、ついに暫定予算を組む羽目となっていた。中村は、金丸信に累《るい》が及ぶことをひどく心配している風情だった。

6日、赤坂迎賓館で、江沢民中国共産党総書記の歓迎行事が行われた。宮澤首相と比して大柄な体格のせいもあって、いわゆる態度が大きいという印象を与えた。

15日の晩、また「金龍」でYKK＋N会合があった。中村から経世会の内部事情について説明があったが、竹下－小渕ラインと金丸－小沢ラインとに分かれて内部抗争の気配があるようだった。加藤は、竹下とも小沢とも近かったが、経世会の窓口を中村とみなし頼りにしていた。

22日には「金龍」で、氏家齊一郎氏の立ち会いのもと矢野絢也前公明党委員長と会った。矢野は、ノーベル賞問題について蘊蓄《うんちく》を傾けたが、「現時点で日本人が取れそうな賞は平和賞であり、池田大作氏が最適任であること、過去に申請したことがあったが、推薦者2人の選任を誤った」などと話した。私が相談を受けた形になったが、ノーベル賞受賞工作にはまったく知恵がなく、意見の言いようもなかった。

28日、参議院PKO特別委員会のPKO法案統括質疑に出席した。建設大臣が出席するのは異例のことだが、野党側の出席要求に進んで応えることにした。連休中に、カンボジアに国連が設置したPKOである国連カンボジア暫定統治機構（UNTAC）の視察を行う旨《むね》を表明した。

5月1日、カンボジアの首都プノンペンに到着した。早朝「ホテル・カンボディアーナ」に荷物を置き、午前中にチア・シム国会議長およびフン・セン首相と会った。フン・セン首相からトンレ・サップ河にかかるチュルイ・チョンバー橋（全長709メートル）の復旧について要望を受けた。この橋は、1960年代に日本の協力で建設されたことから、「日本橋」とも呼ばれていたが、ポル・ポト派とフン・セン率いるヘン・サムリン派との戦いの際に爆撃で真っ二つに折れていた。橋の修復事業については、ソー・クン通信・運輸・郵政大臣からも陳情を受けた。

帰国直後の7日、参議院PKO特別委員会の総括質疑に出席した。野党側質疑応答の中で、UNTACの活動状況を報告した。

翌朝、閣議に出席。閣議後、宮澤喜一首相から執務室に呼ばれた。宮澤首相からは、

「加藤官房長官より、建設省の牧野徹次官を官房副長官（事務）に起用すべしとのあなたからの要望を聞いているが、石原信雄をもう少し使うつもりだ。牧野はあちこちより推薦が挙がっている。良くできる人だが、従来、厚生・自治両省から採ってきた。官邸建て替えの件があるから旧内務省から採用する、という論理で押し切れるかどうか。話があったことは十分念頭においておく」

と言われた。

14日、「金龍」でYKK＋N会合。加藤官房長官は経世会の内部事情を根掘り葉掘り聞く。中村によると、内部のカオス化が進行しているとのこと。

日本新党・細川護熙との因縁

6月3日、「金龍」でYKK＋N会合。細川護熙《もりひろ》前熊本県知事が日本新党を結成したことが話題となる。私から、細川護熙との個人的関係についてひと通りの説明をした。

私と細川は、ひとかたならぬ因縁《いんねん》がある。

1969年12月の総選挙に、細川は熊本1区から、私は福岡1区からともに無所属非公認で立候補し、ともに落選した。細川が勤務していた朝日新聞の伊藤正孝記者が共通の友人であったため、浪人中に細川が福岡のわが家に、一時、寝泊まりするくらい仲良くなった。

1970年、石原慎太郎（当時、参議院議員）が来福の折、私から細川を紹介したところ、石原の6年任期の3年目の裏候補として、細川が参議院全国区に立候補することになった。そして、1971年6月の参議院議員選挙で、細川が当選した。その後2期務め、1983年2月、細川は熊本県知事選に出馬し、当選した。これまた2期務めた後、新党結成に至った。

その間、お互いの秘書陣の交流も含めて、政治生活を密接な関係でともにしてきたことなど、エピソードを織り交ぜながら話した。エピソードの中には、「細川が石原慎太郎の支援を受けながら田中角栄派になったのはなぜか」という話もあった。中村喜四郎の読みは、選挙資金の提供額がひと桁《けた》違ったからだろう、ということだった。

いずれにしても、日本新党の行方は注目すべきであり、政界再編の時が来れば連携できるかもしれないというのが、小泉の目算だった。

5日、渡辺美智雄副総理兼外務大臣が東京女子医科大学病院（以下、東京女子医大病院）に緊急入院され、6階2618号室自見庄三郎と一緒にお見舞いに行った。医師免許を持っている自見は、担当医から渡辺の病状を聞き出した。膵臓《すいぞう》がんで、早期の手術が必要とのことだった。次期総理の呼び声が高い渡辺の心境を察し、われわれ側近もショックは大きかった。中曽根康弘元首相も見舞いに駆けつけ、私を別室に呼び、

「とりあえず外相代行を置くことになると思うが、その際は、政科研から倉成正《ただし》元外相を起用したらどうか。また、君が建設大臣を辞めて横すべりしても良い」

とも言われた。私から、

「加藤官房長官を通じ、明後日7日に宮澤首相のお見舞いをお願いしてあるので、その件はその際にお二人で話し合ってもらいましょう」

と申し上げた。

結局、宮澤首相が国会終了まで外務大臣代理を務めることになった。手術は6時間を要したが、無事成功した、とのことだった。

11日、衆議院で参議院から回付されたPKO法案の委員会採決が強行され、直ちに本会議に上程された。翌日、野党側の抵抗は猛烈で、衆議院本会議の採決では「牛歩《ぎゅうほ》戦術」を行った。まず、中西啓介議会運営委員会委員長の解任決議案を提出。これが否決されるや、今度は櫻内義雄衆議院議長などの不信任決議案を提出した。

ＰＫＯ法がついに成立したのは、１９９２年6月15日20時29分のことだった。

同日21時、国会報告を兼ねて渡辺のお見舞いに行った。渡辺は、

「解散が回避されたので、思わずテレビを拝《おが》んだ」

と言った。また、「自・公・民（自民・公明・民社）体制を貫《つらぬ》くべし」との意見だった。

実はその数日前、加藤官房長官より電話があり、

「宮澤首相が国会終了後も渡辺外相のために外相代理を務める。従って退院を急ぐ必要もないが、参議院選挙後の出処進退については問題が出てくると思う」

と言ってきていた。

加藤官房長官を通じての宮澤首相からのメッセージを、渡辺にそのまま伝えた。渡辺は、

「自分は辞めないが、櫻内衆議院議長のＰＫＯ法案強行採決に係る引責辞任はやむをえないのではないか」

と言われた。

その夜、「金龍」でＹＫＫ＋Ｎ会合があった。中村によれば、経世会内部は小沢・小渕の関係がいよいよ悪くなり、分裂の気配だという。小泉は、

「分裂したほうが日本政治の健全化につながる」

と言った。

19日の閣議終了後、宮澤首相から渡辺外務大臣へのメッセージを3点言われる。

一、天皇訪中の日程調整に入る。
二、橋本恕《ひろし》中国大使を帰国させ、根回しに回らせる。
三、自分はミュンヘン・サミット（7月6〜8日）から帰国したのち動き出す。

私は、宮澤首相からのメッセージを伝えるために、翌日の午前中、東京女子医大病院の渡辺を訪ねた。


宮澤首相からのメッセージを伝えると、渡辺は、

「6月末か7月初めに退院できる見通しだ。天皇訪中の件はいくらでも協力する。自分が弾除《よ》けになる。内閣改造時期については11月が良いと小沢一郎が言っていた」

と言う。加藤官房長官を通じ、渡辺の意を宮澤首相に報告した。


3日後の晩、渡辺に病室に呼ばれた。

「次の閣議から出たい。加藤官房長官に伝えてほしい」と言う。また、「小沢一郎がショートリリーフで外相をやりたいと言ってきたので、断っておいた」という話もあった。


25日の晩も、渡辺を見舞いに出かけた。

「明日の閣議には副総理の資格で出る。退院は7月中旬になる」

翌朝、げっそり痩《や》せた渡辺副総理が閣議に出席したが、何事もなく短時間で終了した。私は、ひとまず安心した。

7月6日の晩、「金龍」にてＹＫＫ＋Ｎ会合が開かれた。この日の話題は専ら、8日より始まる参議院選挙の見通しについてだった。加藤・小泉・中村三氏とも強気の見通しだったが、私だけはやや悲観論だった。ＰＫＯ協力法を強引に成立させたことに対する批判票が社会党支持に回るのではないか、と考えたからだ。

8日、第16回参議院議員通常選挙が公示された。

私は、渡辺系候補の出陣式や応援に回りながら、13日には地元に帰り、博多祇園山笠の集団山見せで台上がりをした。現職大臣の台上がりは初めてだ、と言われた。

19日には「福岡サンパレス」で、福岡地方区の吉村剛太郎候補支援のため、中曽根康弘元首相を迎えて、山崎拓後援会「拓山会・りんどう会」合同大会を開催した。中曽根元首相の人気はまったく衰えておらず、約３０００人の来場者があった。会場に入りきれず場外にまで人があふれた。この光景で、吉村候補の当選は確実になったと思われた。

26日、第16回参議院議員選挙の投票日を迎えた。改選数１２７議席のうち、自由民主党は過半数の69議席を得た。日本社会党は22議席に止まった。ただし、非改選を含めた議席数は与党１０８議席となり、公明党24議席が与党に来ない限り、与党劣勢が続くことになった。

翌日の晩、「金龍」にＹＫＫ＋Ｎが集合した。４人で参院選の総括を行った。自民党の大勝は加藤・小泉・中村三氏の見通しの通りだったので、自民党苦戦の予言をした私の不明を恥じた。

一方、社会党の敗北については、「PKO協力法の成立に関して、国民有権者はこれを是と見なしたことになる」と総括した。

8月7日、参院選後の議席指定を行う臨時国会が開会。

渡辺美智雄副総理兼外務大臣は閣議、衆参本会議に元気な姿で出席した。すっかり痩せてはいたが、私を含め、皆、再起を信じた。その晩もまた、「金龍」でYKK+N会合。加藤・中村両氏から、

「佐川急便事件の展開によっては、金丸信の政治的基盤が揺らぐかもしれない」

といった危惧《きぐ》の念が表明された。

25日、朝の閣議の後、宮澤首相から立ち話で渡辺に伝言を頼まれた。閣議で隣り合わせだったのに言い難かったのだろう。

「渡辺外相のロシア訪問は、余人をもって代え難いので行かれるのを止めないが、国連総会のほうは大事な任務もないので取り止めるよう話してほしい。私から話すと誤解を生じかねないので、あなたから話してください。訪ロも今回だけで済むわけにはいかないから、無理な日程にしないでほしい。まだ万全な体調ではないと思うので、ご自愛専一にお願いしたい」

とのことだった。私は、

「わかりました。総理のご意向は、私から渡辺外相にきちんと伝えます。なお、牧野徹前建設省次官の件ですが、引き続き建設省顧問として、次期官房副長官のウェイティングサークルに入っ

ておりますので、くれぐれもよろしく」

と陳情した。宮澤首相は、

「あのことですが、う〜ん、わかりました」

と曖昧《あいまい》な応答ぶりだった。

金丸信の退場

8月27日、ついに金丸信が、佐川急便から5億円を受領した問題で自民党副総裁を辞任した。

私はその2日後に、九段議員宿舎606号室に渡辺外務大臣を訪ねた。

「宮澤首相に、『国連総会に行くな』という話を山崎から聞いたと言ったら、『対ロ外交は今回で終わりになるわけではないから、無理な日程にするな』と、また言っていた。重要会議は絞り込み、無理はしない。帰途ハワイに寄って、2〜3日静養するつもりだ」

と言った。さらに、

「ロシアは1956年の日ソ共同宣言までは認めるだろうが、それ以上は難しいと思う。学者連中の話も聞いたが、バーター方式で譲歩しないほうが良い、というのが大勢だった」

と言う。また金丸信のことは、対応を間違えるとたいへんなことになるかもしれない、と心配していた。


9月13日、激務の最中だったが、息抜きに大箱根カントリークラブで、YK3人でゴルフに興じた。小泉・加藤両氏はハンディ10前後で一定の水準に達しているが、私はさんざんな目に遭《あ》った前回以来2回目。左右に打ち分け、キャディに愛想を尽かされボールを拾いに行ってもらえなくなり、加藤、小泉が球拾い役になるところまでまったく同様。ゴルフごときでYKKのお荷物にされるのは不本意なので、ゴルフには行かないと改めて心に誓った。

26日、対カンボジア無償資金協力（限度額27億9400万円）が決まった。ポル・ポト派対ヘン・サムリン派のカンボジア内戦で破壊され、落橋したメコン河支流のトンレ・サップ架橋のチュルイ・チョンバー橋の区間265メートルの修復事業である。5月連休中のカンボジア訪問時に、ソー・クン通信・運輸・郵政大臣から陳情を受けていたのが実現したものである。

29日、東京簡易裁判所が金丸に対し、政治資金規正法違反で罰金20万円の略式命令を出した。

10月7日の晩、「金龍」にてYKK会合。金丸の身辺が不穏だったので、中村喜四郎は欠席した。加藤は、

「金丸さんの置かれた状態はかなり厳しい。側近の小沢一郎の対応は、政治資金規正法上の届け出違反で済ませるというが、判断が甘いようだ」

と見ていた。

その数日後、新神戸オリエンタルホテルで開催された大村昌弘後援会大会に出席し、講演で「金丸さんは議員辞職すべきだ」と、つい発言してしまった。すると、その日の夕方に羽田空港

に到着したところ、現職大臣の発言は重いとして記者陣に取り囲まれ、真意を問い質《ただ》された。

「政治不信の解消のためにやむをえないと思う」

と答えた。これに対し金丸は、

「あんな青二才に言われたのでは俺もおしまいだ。辞めるしかない」

と怒っていたと聞いた。

14日、ついに金丸が衆議院議員を辞職。経世会会長も辞任した。時計の針が大きく動いた日だった。

19日の晩、「金龍」でYKK会合。私の神戸での発言が金丸信を辞任に追い込んだ問題で、対応を協議した。小泉は「当然の発言だ」と言ってくれたが、加藤からは、明後日、衆議院議院運営委員会理事会に出席して釈明しなければならないので、次のように言わせてほしいと相談された。

「閣僚が立法府や政治家の言動について、政府の立場で言及したり議論したりすべきでないことは当然だ。山崎建設大臣も一閣僚としてではなく、一議員として私的な場所で発言したが、自分の不注意であり、反省していると言っている。内閣を代表して、私から一閣僚の言動が誤解を招くに至ったことをお詫《わ》びする」

このコメントについて、私もやむをえないと了承した。

21日、「金龍」にて久しぶりにYKK+N会合。加藤から、「本日午前の衆議院議運理事会で山崎発言について釈明した」と報告があった。中村が金丸にその旨伝えてくれることになった。正直、非常に助かった。

28日にも「金龍」でYKK＋N会合。中村によると、

「金丸さんはひどく憔悴《しょうすい》しており、持ち前の豪放磊落《ごうほうらいらく》さは失われて神経質になっている。新しい経世会会長には小渕（恵三）さんが就任し、小沢（一郎）さんは野中（広務《ひろむ》）さんらとも対立し、派を割るかもしれない」

と話していた。

11月9日には、「金龍」で「拓勝会」を開催した。「勝」は関谷勝嗣の勝からとったもの。亀井善之・自見庄三郎・甘利明・木村義雄・武部《たけべ》勤《つとむ》・田野瀬良太郎・林幹雄《もとお》ら「十人の侍《さむらい》」が揃った。渡辺美智雄副総理兼外務大臣を支えながら若手の出番を図ることを申し合わせた。

11日の晩、「金龍」でYKK＋N会合。加藤が、「米国大統領が民主党のビル・クリントンに代わったので、対北朝鮮政策に変化が出ると思う」と予測した。

19日にも「金龍」でYKK＋N会合。今回は珍しく、毎日新聞の岩見隆夫氏をゲストとして招いた。岩見氏からは、

「もはや、経世会支配は完全に終わった。君たち若手の出番だ」

とハッパをかけられた。

25日20時、ホテル西洋銀座でYKKと堤清二氏、氏家齊一郎氏とで懇談した。専ら内閣改造の話が中心だった。氏家氏からは、加藤・山崎は閣外に出て、小泉が入閣すべきだとの意見が出た。

2日後の朝の閣議の後、パレロワイヤル4階の渡辺美智雄事務所で渡辺外務大臣と懇談。次のような会話をした。

山崎「間もなく内閣改造がある。外相は身体に重荷なので、副総裁か幹事長をおやりになりませんか」

渡辺「副総裁は実権がない。幹事長が良い」

山崎「宮澤首相が先生の幹事長起用に難色を示すのは、小沢一郎と近過ぎること。政治改革に不熱心であることの2点です」

渡辺「俺は、小沢・小渕両氏とは等距離だよ。小沢を政治的に無理に殺すのではなく、自然死を待つべきだ」

11月28日の夜、加藤官房長官より電話があり、「今日、宮澤首相と話し合った結果、次の6点について意見が一致した」と連絡があった。

一、(宮澤首相が) 先日渡辺外務大臣に会って幹事長就任の意向があるかについて打診したところ、梶山静六と争ってまではやらないと答えた。そこで、引き続き副総理兼外務大臣として自分を支えてくれるものと理解した。その借りはいつかまた返さなくてはならないと思うが、この流れは変えないほうが良い。

二、総裁改選期の前に時期を選んで総選挙をやる。万一負けると幹事長は連帯責任になる。その点、副総理は傷つかない。次期総理・総裁の最有力ポストになる。

三、小沢一郎に対しては徹底した不信感がある。許せない人だ。遇するつもりはない。

四、三塚博は遇さないといけない人だが、どう遇するか考えている。本人は、「来年は選挙の年だから党務をやりたい」と言っていた。

五、小沢グループの閣僚ポスト数をどうするか悩んだが、ゼロにするとかえって同情が湧く。一本釣りで一人起用するのがいちばん良いのではないか。

六、海部前首相を外相に起用しろと言ってきた人がいるが、受け付けなかった。

12月8日、「金龍」でYKK＋N会合。またもや内閣改造人事の話になったが、加藤・山崎は閣外に去り、小泉・中村入閣の線で行こうということになった。2人の入閣は、加藤が宮澤首相に強く進言すると約束した。

11日は、私の56歳の誕生日だったが、建設大臣の辞表を閣議で提出した。午後党五役が決まり、梶山静六幹事長、三塚博政調会長、佐藤孝行総務会長となった。

翌日、宮澤改造内閣が出発した。加藤官房長官の後任は河野洋平になった。渡辺美智雄副総理兼外務大臣（留任）、小泉純一郎郵政大臣（新任）、中村喜四郎建設大臣（新任）となった。

18日、羽田孜、小沢一郎らが経世会を脱退し、「改革フォーラム21」（通称「羽田派」）を結成した。

22日、26日のいずれも「金龍」で、YKK＋Nの会合があった。中村新建設大臣は張り切っていたが、小泉新郵政大臣は、

「郵政民営化論を撤回しないので、省内で総スカンになっている」

と苦笑していた。加藤は、宮澤首相の意地悪人事だと謝った。

動乱の1993年

1993年、この年は、その後の動乱が幕を開けた年だったように思う。

YKK会合は、1月7日の夜、「金龍」でスタートした。この時期、おなじみとなっていた中村喜四郎建設大臣も出席した。

当初、私は反経世会だったため、中村の参加には躊躇をおぼえていた。しかし、加藤は官房長官として、最大派閥の経世会からの情報を欲していた。経世会の同期には、これという人がいなかったため、白羽の矢を立てたのが、一期下の中村だった。また、中村は小沢と距離があったこともあり、定期的に会って情報交換をすることになったのだ。私以上に反経世会だったはずの小泉は、もちろん面白くなかったと推察するが、何も言わなかった。

7日の話題は、自民党が政治改革推進本部を設置し、宮澤喜一総裁自ら本部長に就任すること

になった問題に議論が集中した。

小泉郵政大臣曰く、

「梶山静六幹事長がやったことで真意はわからないが、小沢一郎と出来レースかもしれない」と、小選挙区制度導入に拍車がかかるのではないか、と警戒心を露《あらわ》にした。私は内心、さすがに小泉の政局の読みは深い、と舌を巻いた。

22日、第126回通常国会が召集された。

宮澤首相は施政方針演説で、「政治改革がすべての変革の出発点」と強調した。そのため、25～27日の間に行われた衆参両議院での代表質問では、政治改革（選挙制度改革）に言及しない質問者はいなかった。


2月5日、パレロワイヤル4階の渡辺美智雄事務所で昼食をとりながら、渡辺副総理兼外務大臣と懇談した。渡辺は食が進まず、体調が悪いことは長年のつきあいから見てとれたが、私はあえて口に出さなかった。渡辺には、外相の後任人事を考えているふしがあった。

8日の夕刻、赤坂の料亭「大乃」で、平岩外四氏、氏家齊一郎氏、堤清二氏から、YKKおよび中村建設大臣が招宴された。

経済界の三氏でも、とりわけ堤氏は宮澤首相びいきで、「YKKが宮澤政権をしっかり支えてくれるように」と、要請された。

小泉郵政大臣は、

「今の政治改革案は、金権政治に対する国民の政治不信を外に向けるためだ。小選挙区制度さえ導入すれば、金権政治を払拭《ふっしょく》できるとする誤魔化し案だ」

と強調した。私も全面的に賛成した。

10日、衆議院第二議員会館で「首相公選制を実現する会」世話人会なるものが開かれた。私は、小泉郵政大臣の要請で出席し、座長を引き受けた。小泉は派閥政治に否定的で、首相公選にならなければ、今の議院内閣制の下では自分は首相になれない、と思っているようだった。裏を返せば、自分は国民的人気があると自負しているということだ。あるいは、持論の郵政民営化を自分が先頭に立って実現しようとすれば、さらに人気が出ると踏んでいたのではないか。

17日の晩、「金龍」でYKK＋N会合。首相公選論が話題となる。加藤も私も、考えは似ていた。つまり、憲法を改正して首相公選制を実現するのは〝日暮れて道遠し〟の感がある。議院内閣制のほうは継続性があるので、派閥力学の現状を是認せざるをえないと考えていた。しかし、政治改革論議を活発化させるための切り口の一つとして、首相公選論議を進めたいということだ。

23日、憲政記念館の会議室で「首相公選制を考える国会議員の会」（名称変更）の設立総会が開かれ、再び小泉から頼まれ、会長を引き受けた。政治改革だったはずのテーマが、いつの間にか選挙制度改革に絞られていることに対し、さまざまな角度からの改革案を提案しようということだ。

3月2日の晩、「金龍」でYKK＋N会合。この晩は、中村が小渕恵三・橋本龍太郎両先輩議員を連れてきた。金丸に身の危険が迫《せま》っているので、YKKの親身の協力を求める手筈《てはず》と思われた。

6日、東京地検特捜部が、東京国税局の告発を受け、金丸信と元秘書を所得税法違反（脱税）で逮捕した。8日の晩に「金龍」でYKK＋Nで懇談。事ここに至っては、中村も、

「かくなるうえは党内が結束して、政治改革の実を挙げるため選挙制度改革法案を上程すべきだ」

と主張した。

13日、東京地検は脱税容疑で金丸を東京地方裁判所に起訴した。

18日の朝8時、全日空ホテル3階「雲海」にて、YKK＋Nで朝食会を行った。金丸事件の収拾策について話し合うも、妙案はない。今や国民の政治不信は頂点に達しているので、とにかく政治改革に真剣に取り組んでいる姿勢を示す必要あり、ということで改めて一致した。そして、「選挙制度改革（小選挙区制の導入）が政治資金の流れの透明化につながると国民多数が信じているので、やらざるをえないのではないか。われわれも、何はともあれ反対論をトーンダウンさせよう」

ということで合意した。

25日朝8時、赤坂プリンスホテル新館の「紀尾井」でYKK＋Nでまた朝食会を開いたが、結論は1週間前と変わらなかった。

31日、自民党総務会で政治改革本部がまとめた単純小選挙区制の導入を柱とする政治改革関連四法案をついに党議決定した。

4月に入ってからも、選挙制度改革が議論の中心だった。

1日の晩、「金龍」にて、YKK+Nで、連合の鷲尾悦也副会長と会食。鷲尾氏も、「連合は選挙制度改革には反対しないが、比例代表制と併用にすることを要望している。さもなければ、野党は激減してしまう」

と心配していた。

翌日、自民党は同法案を衆議院に提出した。

5日の晩は、パレロワイヤル4階の渡辺美智雄事務所で行われた、渡辺美智雄副総理兼外務大臣と河野洋平官房長官との会談に陪席した。渡辺から、「副総理兼外務大臣の座を辞任することについて、宮澤首相に伝達してもらうよう」申し入れし、「外相後任として中尾栄一、武藤嘉文、倉成正、中山正暉《まさあき》四氏のいずれかを推薦するが、宮澤首相に一任する」と伝えた。

20分ほどで河野官房長官が退席した後、今後の対応について2人で話し合った。最終的に、「渡辺派からの外相後継者は武藤嘉文が良いが、ポストは必ずしも外相でなくても良い。渡辺は党副総裁に回る」

ということになったので、21時頃、私からその旨を電話で河野官房長官に伝えた。

6日の閣議で、渡辺副総理兼外務大臣は辞任が認められ、副総理は後藤田正晴法務大臣が兼務することとなった。外相には、武藤嘉文が就任。宮澤首相は、いったん羽田孜に外務大臣就任を打診したらしいが、羽田から断られたので、渡辺の推薦を受け入れて武藤起用ということになったようだ。だが、渡辺は無役になってしまった。

13日、またもや「金龍」で、YKK＋Nの会合を開く。私から渡辺副総理兼外務大臣辞任の内幕を話した。小泉郵政大臣は、

「渡辺さんが無役になったことは、副総裁になるより良い」

という判断だった。

「自分は、衆議院選挙制度改革法案として小選挙区制導入案を推進することにはあくまでも反対だが、渡辺さんのような強硬派の剛腕が副総裁になっていれば、われわれの反対論を抑え込んでしまっただろう」

というのが彼の論拠だった。

15日には、衆議院政治改革調査特別委員会が政治改革関連法案の審議に入ったが、自民党提出の単純小選挙区制の導入を柱とする政治改革関連四法案と、社会・公明両党提出の小選挙区比例代表併用制の導入を柱とした政治改革五法案を併行審議することになった。

21日晩、「金龍」で、恒例となったYKK＋N会合を開く。民間政治臨調が提出した小選挙区比例代表連用制について、全員が「非現実的な案だ」と酷評した。しかし、「放置するといろい

ろな案が出て政治的混乱を招き、われわれは守旧派の烙印《らくいん》を押されかねない」ということになったが、「もうとっくに押されているよ」と、小泉は笑った。

26日、加藤に誘われて、ワシントンに向かった。日米パートナーシップ・フォーラム委員会主催で日本国際交流センターと米シンクタンク、ブルッキングス研究所が後援する「第5回日米パートナーシップ・フォーラム」に出席するためだった。ワシントンの3日間の滞在中は、米国上・下両院議員との討論に明け暮れたが、「国内の政治はますます混迷の度を深めている」との知らせがマスコミを通じて入り、私たちは焦燥《しょうそう》感に駆《か》られながら帰国の途《と》についた。

成田空港に着くやいなや、渡辺美智雄の入院している東京女子医大病院に向かった。渡辺は、「後半国会は、政治改革関連法案をめぐって大混乱になる。自民党は経世会中心に分裂症状が顕著になるので、YKKがしっかりして党内をまとめろ。さもなければ解散・総選挙の流れになり、惨敗しかねないぞ」

と憂慮していた。

5月17日の晩、久しぶりに「金龍」でYKK＋N会合。政治改革関連法案をめぐり各党の思惑は錯綜《さくそう》。風雲急を告げていた。小泉は、

「解散・総選挙で民意を問うのはいいが、各党の案がばらばらでは有権者も戸惑うだろう。いっそのこと、公職選挙法改正は断念して政党法を制定し、国から政党への資金提供ができる案のみを採用したほうがよい」

と提案した。私は大賛成だった。

約1週間後の25日、「自民党政治改革を実現する若手議員の会」が、自民党国会議員381人中219人の署名を集め、宮澤首相に提出した。趣意は、野党と妥協してでも、今国会で政治改革を実現すべきというものだった。彼らの主張する政治改革とは、中選挙区制度をやめて小選挙区制度を導入することのみだから、YKKとしては断固反対だった。

翌日、6野党会派（社会・公明・民社・社民連・民主改革連合・日本新党）の代表が会談し、「小選挙区比例代表連用制を軸に、与野党の合意形成可能な改革案を作成する」との見解をまとめ、発表した。これを受けて宮澤首相は、梶山静六幹事長に妥協案の作成を指示した。

その晩、「金龍」にて、YKK＋Nで集い緊急会議を開いた。結局、妥協案の作成に反対することにし、中村が代表して梶山静六に申し入れることになった。

だが、31日、テレビ朝日の対談番組「総理と語る」で宮澤首相は、田原総一朗氏のインタビューに、「政治改革はどうしてもこの国会でやらねばならない、やるんです」と明言した。重みのある総理発言が一気に拡がった。

季節は、入梅の頃となっていた。

6月1日、ホテルオークラの「山里」でYKK＋N会合を持ち、宮澤首相のテレビ発言をどう判断したらいいか話し合った。加藤と私は11時から、自民党政治改革推進本部の会合に出席した。守旧派と誹《そし》られようが構うことはないと、小選挙区制導入には断固反対を唱えた。

7日の昼、自民党本部で自民党政治改革推進本部総会が開かれた。塩川正十郎本部長代理が与野党の妥協案として、小選挙区比例代表並立制を提示したが、議事進行をめぐり大紛糾した。私も、加藤とともに、

「塩川本部長代理の議事の進め方は独善的である」

と非難し、議事進行を妨害した。

10日、自民党各派閥の事務総長が国会議事堂近くの「山の茶屋」に集合し、自民党総務会でも本国会での政治改革法案の成立を阻止するため、弁士の動員と反対派の多数派工作を行うことを打ち合わせた。その晩、「金龍」でYKK+N会合が行われ、私から事務総長会合の方針を報告した。

15日、11時開催予定だった自民党総務会が改革推進派議員の反対で延引《えんいん》されていたが、やっと開会にこぎつけ、単純小選挙区制度導入の党議決定の枠内で、対野党折衝《せっしょう》を党四役に一任することを決定した。その晩も「金龍」でYKK+N会合。党内分裂のきざしが濃厚になってきたので、解散・総選挙に突入することは必至だという見方で一致した。

翌日、党総務会に宮澤首相が自民党総裁として異例の出席。単純小選挙区制度を柱とした政治改革四法案を、衆議院政治改革調査特別委員会で採決するよう指示した。これに反発した塩川正十郎は、自民党政治改革推進本部長代理の辞表を提出した。

17日朝、キャピトル東急ホテルで、各派閥事務総長会議が再び開かれた。社会・公明・民社各党が「小選挙区比例代表連用制案」を衆議院に提出することを決めたのを受けて対応を協議し、

ただちに否決する方向で話し合ったが、党内分裂を回避することが先決だとする意見でまとまった。そこで、宮澤首相に自ら党内調整に乗り出すよう、加藤から促《うなが》してもらうことになった。とりわけ、改革フォーラム21（自民党羽田派）代表の羽田孜が内閣不信任案に賛成すると意思表示をしていることが問題視された。

18日、宮澤首相自ら調整に動き、宮澤・羽田会談も開かれたが、羽田は、頑固に不信任案に賛成を表明した。

午後の本会議で、内閣不信任案が上程され、対論の末、採決が行われた。自民党からは39人の議員が賛成し、18人が欠席したため、賛成２５５人、反対２２０人で可決された。

宮澤首相は憲法第７条（天皇の国事行為）に基づき、衆議院を解散。ただちに自民党衆議院議員武村正義、田中秀征ら11人が離党を表明した。

次の日の午前、赤坂プリンスホテルで事務総長会合が開かれ、これ以上の党分裂を阻止することを申し合わせたが、出席した加藤ともども、一人でも多く自派の同志を当選させ、選挙後の政権維持に全力を尽くすことにした。しかし、党分裂は止められなかった。

21日、武村正義ら10人が新党さきがけを結成。23日、羽田派所属44人の国会議員が自民党を離党し、羽田孜を党首に新生党を結成した。

7月4日、第40回衆議院議員総選挙が公示された。私は、午前10時に福岡市の警固神社で出陣式を行い、そのまま同志の応援のため全国を飛び回った。結局、選挙期間中、地元に帰ったのは初日、中日、最終日の３日だけだった。

だが奮闘むなしく、７月18日の投開票日に自民党は敗退し、過半数を割った。各党の議席数が確定したのは、19日未明。自民党２２３、社会党70、新生党55、公明党51、日本新党35、民社党15、新党さきがけ13、社民連４、共産党15、無所属30という結果であった。自民党は過半数には遠く及ばず、社会党も惨敗した。それにひきかえ、新生党、日本新党、新党さきがけの保守新党三党が大幅に躍進した。私の地元・福岡１区でも、日本新党の山崎広太郎が日本一の得票数を記録し、私は第２位に甘んじた。

19日の晩、どんよりとした思いを抱えながら、全日空ホテルに向かった。ＹＫＫ＋Ｎで集まり、細川護煕日本新党代表と武村正義新党さきがけ代表が会談して、「さきがけ日本新党」という会派名で院内統一会派の結成を申し合わせたことについて話し合う。小泉は、

「宮澤内閣は早期に退陣して、細川日本新党代表を首班とする超党派の新内閣を作るべきだ」

と主張したが、加藤も私も、突飛《とっぴ》すぎる提案に思えて取り合わなかった。

20日にも、全日空ホテルでＹＫＫ＋Ｎ会合を行った。小泉から、

「本日の閣議で、宮澤内閣の早期退陣を要求し辞任した」

という報告があった。小泉らしい行動だと思った。

事態はいまだかつてない方向に動き出していた。私と加藤は、翌日、梶山幹事長に会い、「宮

澤内閣の早期退陣」を申し入れることにした。

21日、党本部の幹事長室で、加藤ともども、宮澤内閣の幕引きをお願いし、梶山は快諾した。

22日13時、両院議員総会が開かれ、宮澤首相は正式に退陣した。

その晩、赤坂プリンスホテルの一室で各派事務総長会合が開かれ、次期総裁選びについて意見の集約を行ったが、政科研の渡辺会長以外は意欲を示していない状況だった。

翌朝、全日空ホテル「雲海」でYKK＋Nの会合。私たちは、日本新党と新党さきがけ両党が非自民政権樹立に傾いている情報を分析し、両党提案の小選挙区比例代表並立制案を受け入れることにした。

小沢一郎の時代

だが、この波乱の時期、永田町の主役は間違いなく小沢一郎その人だった。

私が見た小沢一郎という政治家は、必殺仕掛け人であり、政界の軍師役の一人であり、政権をマリオネットのごとく扱う男だった。

言ってしまえば「黒幕政治家」である。

私たちがとにかく驚いたのは、小沢のその鋭《するど》い政局カンだった。私たちが全日空ホテルの一室で小泉提案について再考し、

「こうなったら仕方がない。日本新党代表の細川護熙を総理に担《かつ》いで、自民党は日本新党と組ん

でマジョリティを回復するしかない」

そう意見を一つにしたが、時すでに遅かった。

おそらく小沢は、選挙戦終盤から「自民党が過半数を割る」と踏《ふ》んでいたのだろう。彼が思いついたアイデアはわれわれと同じようなものだったが、小沢が野党を束《たば》ねてマジョリティを取る方策を考えつくほうが一足早かった。

そもそも、細川護熙との人間関係は、小沢より私のほうがはるかに近い。なにしろ、国会議員になる前の浪人時代からの付き合いで、細川と石原慎太郎の「参議院におけるバトンタッチの媒《ばい》酌人《しゃくにん》」を務め、細川を国政に送り出すきっかけを作ったのはほかならぬ私だった。

だが、小沢は先手を打って自民、共産を除く八党派の政権を作ってしまったのだ。

一歩どころか二歩も三歩も出遅れていたことに気づかなかった私たちは、小泉を通じて三塚政調会長に「細川首班の超党派政権を作る以外にない」という申し入れをするなど、根回しに奔走《ほんそう》していた。

7月26日の夕刻、赤坂プリンスホテルの「ナポレオン」にて、YKK+Nで、

「党内が百家争鳴《ひゃっかそうめい》状態となり、海部俊樹元首相の再擁立《ようりつ》論も出る始末になったので、誰を擁立しても数では勝てない。小泉案で頑張ってみよう」

などと話し合っていた。

27日の自民党総務会で、日本新党・新党さきがけ両党の政治改革案の実現を期すとの見解を党議決定したが、正直、「時すでに遅し」の感が胸をよぎった。

28日11時、自民党本部4階で、総裁選立候補届け出が始まった。渡辺美智雄、河野洋平が届け出た。橋本龍太郎は立候補を断念した。総選挙を無所属で戦った竹下登元首相の追加公認が取り消されたことや、金丸信の初公判が行われたこともその理由と思われた。

三塚政調会長が、自民党を含む八党による救国大連合構想を提案したが、完全に出遅れていた。

翌日13時、党本部8階ホールで総裁選所信表明および推薦演説が行われたが、YKKが推す渡辺美智雄候補の演説は、病み上がりのせいか、残念ながらやや迫力に欠けた。

30日に投開票が行われ、河野洋平208票、渡辺美智雄159票と渡辺は涙を飲んだ。

8月、河野新総裁がすぐさま党人事を行い、森喜朗幹事長、木部《きべ》佳昭《よしあき》総務会長、橋本龍太郎政調会長という布陣になった。

3日には、非自民八党派の書記長・代表幹事らによる代表者会議が開かれ、首班指名選挙で統一候補を推すこと、および、土井たか子元社会党委員長を衆議院議長に推すことが内定した。この頃になると、小沢一郎の思惑通りに事が運んでいるのが、皆にもひしひしと伝わっていた。

そして4日、河野官房長官が従軍慰安婦関係調査結果発表に関する談話を発表した。いわゆる「河野談話」である。正直、駆け込み発表の感を禁じえなかった。

8月5日、第127回特別国会が召集され、宮澤内閣は総辞職した。

翌6日は運命の日だった。首班指名選挙が行われ、細川護熙日本新党代表が内閣総理大臣に指名された。細川護熙262票、河野洋平224票だった。「55年体制」が音を立てて崩壊した瞬間だった。

自民党は下野《げや》し、「細川ブーム」の政局となった。暫《しばら》くの間、われわれはお手上げ状態となる――。

第2章

小沢一郎の暗躍

——細川護熙、羽田孜内閣

小沢が終焉に導いた55年体制

ここで少し、歴史を振り返ってみたい。

自民党結党は1955年11月のことだ。その後の約35年間は、いわゆる米ソ冷戦時代で、わが国の政治体制は、自民・社会両党の二大政党が、自由主義か社会主義かのイデオロギーで対立する、いわゆる「55年体制」が続いた。

これを終焉《しゅうえん》に導いたのが、稀代の軍師・小沢一郎であった。

そして自民党は、結党以来の党是である、憲法改正を今もってできないでいる。

憲法改正を発議するには、衆参両院において、3分の2の多数を確保しなくてはいけない。しかし、解釈改憲で集団的自衛権の行使を可能にしようというような為《ため》にする議論は、当時はなかった。

タカ派と目された中曽根康弘内閣も、

「現行憲法の下では、集団的自衛権は行使できない」

とする政府見解を堅持し、立憲主義を守る「健全保守」の立場を貫いた。

その後、民主党政権時を含めて、歴代政権は「同様の立場」をとってきたが、これを揺るがせる政権が誕生したことを、「時代の変化」と見過ごしてもよいものだろうか。

安全保障政策についてのイメージでいえば、

・田中角栄・三木武夫・大平正芳ら三氏は、どちらかといえばハト派
・福田赳夫・中曽根両氏はタカ派

そう目されていた。たとえば三木内閣では、「防衛費のGNP比1パーセントの上限枠」を設けたが、中曽根内閣ではこれを撤廃した。

この5人の領袖《りょうしゅう》による黄金の政権リレーは、米ソ冷戦構造下において、日米安保体制を基軸として自国の安全を確保しつつ、日中国交回復を実現するとともに、強力に社会資本を整備しながらひたすら経済大国を目指し、ついにわが国はGDP世界第2位の地位に到達した。

私自身はこの間、当選7回に到っていた。

中曽根内閣で官房副長官、宇野内閣で初入閣し防衛庁長官、宮澤内閣で建設大臣を務めた。初当選からそれまでは、私の政治家人生のいわば前半期であったが、諸先輩から政治家としての身の処し方の特訓を受けた時期でもある。日本政治の中でもひと際光彩を放った政治家群像の謦咳《けいがい》に接し、知りえた、個性に満ちた魅力ある指導者の実像をいずれ後進に語り伝えたいと思っている。

だいぶ横道に逸《そ》れてしまった。時計の針を1993年8月に戻す。

8月10日昼、「金龍」にて、YKK+Nで反省会を開いた。

「細川を取り込むために、小沢一郎よりもこちらが先手を打つべきだった」と、異口同音に述べた。この日、細川新首相は記者会見で、「政治改革関連法案の年内成立を公約とし、実現できない場合は政治責任を取る」と表明した。

26日の晩、「金龍」で久しぶりにYKKのみの会合を開いた。細川新首相が、「政治改革関連法案が成立しなければ責任を取る」と言っている以上、われわれの取るべき道は唯一つ。法案の成立を阻《はば》み、現行中選挙区制の下でできるだけ早く解散総選挙に追い込み、政権を奪還することだ。その際、何を争点にして選挙をやるかだが、「安定政権の再樹立で行こう」ということで一致した。

9月10日、赤坂プリンスホテル新館「紀尾井」でYKK+Nで朝食会を開く。4人とも「無位無冠」となったが、政権奪還への意欲は満々。細川新政権が政治改革（選挙制度改革）をメインテーマに据《す》えてくるなら、「われわれは、小選挙区制導入反対の旗を降ろさず戦おう」と、対決姿勢を確認した。

14日14時30分、赤坂プリンスホテル新館の一室で、渡辺美智雄・河野洋平会談に陪席。自民党総裁選挙を戦った2人だが、わだかまりはなく、「力を合わせて政権奪還に取り組もう」と共闘することとなった。ただし渡辺は小選挙区制度導入反対、河野は大勢順応論だった。

17日朝、ホテルニューオータニ6階「なだ万」でYKK+Nで朝食会。私から、渡辺・河野会

談の模様を報告。加藤は、

「渡辺さんを総裁にすべきだったなあ」

と嘆息してみせた。

29日の朝も、全日空ホテル3階「雲海」でYKK＋Nで朝食会。

「今日からの2日間、自民党本部で臨時党大会が行われるが、党人事の確認は了承しても、政治改革が細川政権の流れに乗ってしまわないようブレーキ役を果たそう」

と申し合わせた。


10月に入っても、YKK＋Nでの朝食会は続いた。5日、自民党が政治改革関連五法案を国会に提出したことについて、小泉の読みは、

「いずれ政府案が出てくる。そうなると並行審議入りとなる。出口で両法案一本化調整が行われ、へたをすると全会一致で成立してしまう」

というものだった。その読み通りとなった。13日15時、衆議院本会議が開かれ、与野党の政治改革関連法案の並行審議入りとなったからだ。

18～21日、李淑錚《りしゅくそう》中国共産党中央対外連絡部部長の招待で、渡辺派若手有志が訪中。曽慶紅《そうけいこう》党中央弁公庁主任、張香山《ちょうこうさん》中日友好二十一世紀委員会中国側座長らと会談するも、江沢民政権中枢の要人とは会えず、野党の悲哀を感じた。

帰国した晩遅くに、「金龍」でＹＫＫが集合。私は成田空港から直行し、訪中報告をした。「江沢民政権はあと10年は続くし、その間一貫して対日強硬路線を取るだろう」
と観測を述べた。

11月1日19時に箱根「龍宮殿」で拡大ＹＫＫ会を開いた。私が亀井善之、加藤が川崎二郎、小泉が玉澤徳一郎を連れてきた。

小泉はこの場で、10月のカナダ総選挙で野党カナダ自由党が圧勝し、与党カナダ進歩保守党が１６９議席からわずか２議席に減った例を挙げ、「小選挙区制度を導入すると、極度の政治不安定を招く恐れがある」と指摘した。

１週間後の晩、銀座「治郎長」で、官房副長官時代の番記者と会食した。読売新聞の小田尚、毎日新聞の河出卓郎、朝日新聞の持田周三の３人だ。いずれも東大出身の優秀な記者で、将来有望な人材であると感じていた。

彼らは異口同音に、私の「クリエーティブブリーフィング」に悩まされた」と述懐した。私は、「確かに私のブリーフィングは誇張があったかもしれないが、嘘をついたわけではない」と弁解した。

25日は、地元福岡に戻った。九電記念体育館で元九州電力社長、元九経連（九州経済連合会）会長の故永倉三郎氏の社葬があった。同氏は私が最もお世話になった地元財界人で、万感の思いだったが、時の流れに無常を感じた。

翌日の正午には東京に舞い戻り、全日空ホテル701号室でYKK会合を開く。11月21日投票の宮城県知事選挙で、収賄容疑で逮捕起訴された本間俊太郎前知事に代えて、自民党が推した八木功《いさお》候補が落選し、新生党・日本新党・新党さきがけ・社会民主連合推薦の浅野史郎候補が大差で当選したことが話題となった。加藤は、

「細川政権には世論の追い風があるなあ」

と嘆息した。

年末になり、12月2日の晩、料亭「吉川」で、YKKは全日空の若狭得治名誉会長、普勝清治社長ほか役員5人と会食。若狭名誉会長から、

「八党派による寄り合い世帯の細川政権は長続きするはずがない」

とのご託宣があった。

9日の午後も、全日空ホテル701号室でYKK会合。小泉が1週間前の若狭氏の話の通り、

「いずれ小沢さんのわがままが出て、八党派体制は崩れるさ」と言った。それは見事に当たることになる。

13日9時、全日空ホテル3階「雲海」でYKK会合。

「このところ、党内結束のため頻繁に各派事務総長会合が開かれているが、政治改革法案の成立を阻むためには党幹部に発破《はっぱ》をかける必要がある」

との意見で一致した。

その晩、「金龍」で、小泉の手引きで森喜朗幹事長とＹＫＫ会談を持った。梶山静六前幹事長も同席したが、ご両人ともどうも腰構えが弱いと感じた。

そして12月16日、田中角栄元首相死去の報が永田町を席巻した。忘れられない日となった。25日13時、青山葬儀所で葬儀、続いて告別式が行われ、３０００人を超える参列者があった。中曽根康弘元首相のみなお健在であるが、この日、「三角大福中」の時代は事実上終わりを告げた。

27日の晩、「金龍」にてＹＫＫ＋Ｎで忘年会。自民党逆境の越年で意気揚がらず、小泉が誰の句か知らないが、

「裸木となるも大地に根を伸ばせ」

という句を披露し一同を励ました。こうして波乱の93年は幕を閉じた。

細川護熙がぶち上げた「国民福祉税」

年が明け、１９９４年になった。

政局は、オセロのように石が次々とひっくり返っていくものだ。

通常国会が始まると、細川護熙首相の政権運営に暗雲が垂れ込め始めた。予算委員会で自らのスキャンダルについて、自民党の深谷隆司、野中広務から厳しい追及が繰り出され、細川首相は手を焼き始めた。若狭名誉会長や小泉の「予言」が現実味を帯び始めたのだ。

当時の手帳を改めて見返してみる。

1月6日14時、赤坂プリンスホテル別館2階「ピオーニールーム」で、渡辺美智雄、河本敏夫、小渕恵三の会談に陪席した。政権奪還の方途について協議されたが、

・政治改革法案を廃案に追い込むこと

・平成6（1994）年度政府予算の審議の際に、八党派政権の政策上の不一致を徹底的に攻撃し、揺さぶりをかけること

この2点で合意した以外、妙案なしだった。

21日10時、新高輪プリンスホテルで自民党大会が開催された。参加者数も例年の半数ぐらいで甚《はなは》だ盛り上がらない大会だった。衆議院側よりも参議院側のほうが元気で、政治改革法案を否決すると息まいていた。

29日、衆議院で可決された政治改革法案が、なんと参議院で否決されて、衆議院に戻され両院協議会が開催されることになった。これを受けて、細川首相と河野洋平自民党総裁のトップ会談が行われた。自民党は森喜朗幹事長が立ち会い、小選挙区300、比例代表（地域ブロック）200、計500議席とすることで合意してしまった。これで、衆議院を解散に追い込む絶好のチャンスを逸してしまった。

その晩、「金龍」でYKK会合を開き、3人で河野‐森ラインの弱腰を糾弾したが、虚脱感を

禁じえなかった。小泉と私は、悔しい思いをぶちまけ合いながら痛飲した。

2月1日、私は、地元福岡の水産業界の依頼で訪韓した。東シナ海での魚類乱獲問題の政府間交渉をバックアップするためだった。翌日の午前中は韓国の李義秀水産庁長官と、午後は洪淳瑛《ホンスンヨン》外務次官とそれぞれ会談した。

そして3日の朝、ロッテホテルのレストランで在韓日本マスコミ有志と朝食会を行っていた。その席で、日本では、細川首相が当日未明に記者会見を突然開き、

「消費税を1997年4月1日から国民福祉税とし、税率を7パーセントに引き上げる」

と発表したというニュースがもたらされた。細川首相が側近の政治家や与党側の要人に事前に根回しせずに発表したと聞き、「これは政変につながるな」と直感した。

案の定、社会党は猛反発し、閣僚の引き上げや連立離脱を検討し始めたほか、不意打ちを喰らった武村正義官房長官や小沢一郎新生党代表幹事も、不快感を露《あらわ》にしながら事態収拾に乗り出したことが伝わってきた。

私は、急いで帰国した。この機会をとらえて、細川首相との従前の交誼《こうぎ》を頼みに、八党派政権の切り崩しにかかるためだ。

4日、連立与党の会合が開かれ、国民福祉税構想を白紙撤回することで一致した、と聞いた。そこで8日午後、自民党本部701号室にYKKと村岡兼造が集まり、細川首相の独走で生じた連立与党の足並みの乱れを衝《つ》くため、国会での論戦を厳しくやろうと申し合わせた。

14日の夕刻、九段上の「治乃屋」で、加藤、村岡と会食。私から、「高校・大学柔道部の友人（阿部公明《きみあき》氏）が、細川首相と暮夜密かに会談しないかと言ってきた」

と打ち明け、どうすべきか相談してみた。

阿部氏によると、細川側の用件は「渡辺美智雄らの国会での税財政問題についての追及があまりにも厳しいので、もう少しお手柔らかにお願いしたいということ」、および「この際、今後の政局運営全般についてもアドバイスが欲しいようだということ」、ざっとこの2つの提案だったと話した。

ちなみに阿部公明氏は、細川首相と昵懇《じっこん》の間柄で、われわれ3人は年来の旧友であることも披露した。加藤と村岡は、

「それは良いチャンスだからぜひ会ってみて、この際、思い切って社会党と手を切って自民党と組み直す政界再編を持ちかけろ」

と言う。

21日の晩、阿部氏の手引きで、忍者みたいに首相公邸裏門より入り、庭の芝生を横切って縁側から総理の応接間に入った。細川首相と久闊《きゅうかつ》を叙《じょ》しながら、すぐに本題に入ったが、阿部氏の事前の根回しが良く話が早かった。政界再編の話は私では荷が重いので、極秘裏に渡辺美智雄と会ってもらうことになった。

ついに、23日20時から約1時間、赤坂プリンスホテル2350号室で細川・渡辺秘密会談が行われた。

渡辺と私は、調理室から料理を運ぶエレベーターで30分前に23階まで上がり、2350号室で待機した。細川首相は予定通りの時間に部屋に入ってきたが、それまで別室で日本新党の若手議員と懇談していたという。

開口一番、「日本新党は未熟な若手ばかりで運営に手こずっている。面倒臭くなったから拓さんに引き渡す。君が党首になってくれ」ときた。渡辺はびっくりして、

「それはいかん。拓は俺の懐刀《ふところがたな》だから、日本新党に行ってもらったら困る」

と切り返した。

細川首相は、「冗談ですよ」と言いながら、

「渡辺先生に入閣していただきたいが、大蔵大臣で良いですか」

と唐突に言った。渡辺が、

「俺一人の入閣ではダメだ。5人入閣させてくれ。ポストは大蔵・外務・通産・自治・厚生だ」

と強気で要求した。細川首相は仰天して、

「なぜ5人もなのか。そんな大それた話は、小沢さんにしてもらわないと、とても自分では対応できない。渡辺さんは小沢さんと仲が良いでしょう」

と躱《かわ》した。渡辺は「五大派閥の長全員入閣でないと党内が収まらない」「わかった。小沢と話をしてみる」とだけ答えた。

小泉から村山富市への提言

この会談を境に、次の政局が始まった。

渡辺は、この件で小沢と接触したようだったが、色好《よ》い返事はもらえなかったようだ。

3月3日の晩、料亭「若林」でＹＫＫ会合を持った。珍しく小泉の支払いなので、彼の行きつけの店での会食になった。私から過日の渡辺・細川会談の模様を報告した。加藤も小泉も目を丸くして聞いていた。

9日20時20分～21時35分、再び首相公邸に裏口入門、細川首相と会う。細川首相は、

「この前の話は、小沢さんに自分からも話してみたが、今のところ取り合わない。早めに渡辺さんから小沢さんに直接打診してくれ」

とのこと。

一方、国会では、参議院で衆議院の小選挙区比例代表並立制を柱とする選挙改革法案の審議が始まっており、難航が予測されるので参議院自民党幹部に協力を要請してくれ、と頼まれた。

10日午後、全日空ホテル701号室でＹＫＫと参議院の山本富雄幹事長、村上正邦国会対策委員会委員長との打ち合わせ会を行う。村上は、

「この際、否決して衆議院に戻すので解散に追い込め」

と強気で言った。

15日16時、17日12時30分、いずれも全日空ホテル701号室で同じメンバーで話し合うが、今

度は参議院側も「選挙制度改革法案の否決は難しい情勢になった」と、落としどころが見えない。

そんな中、16日、細川首相の佐川急便からの1億円借り入れ問題が表面化した。

私は21日の晩、渡辺のマンションに呼ばれた。渡辺によると、

「小沢は、細川首相をやめさせ、渡辺を首班とする新政権を樹立する意向だ。自民党を割って自分と行動してくれる勢力80人程を糾合してほしい」

とのことだった。

24日の正午、全日空ホテル701号室で、参議院の山本富雄幹事長・村上正邦国対委員長からYKKに対し、「選挙制度改革法案は今夕可決成立する見通しである」との最終報告があった。

YKKは、万事休すとの受け止め方をした。

28日の深夜、細川首相に電話。私から、

「NTT株購入問題が国会で取り上げられているし、細川首相の立場も苦しかろう。大政奉還の時ではないか」

と直言した。

29日の晩は、「金龍」でYKKが村山富市社会党委員長と懇談。小泉が、「社会党は政権を離脱し、自民党と組むべし」と進言。村山は、小沢の独裁的な与党会派運営に「強い不満」を表明した。

30日の晩、日本テレビ本社「四阿《あずまや》」でYKKと新党さきがけの自民党出身の幹部五氏（鳩山由

紀夫、園田博之、三原朝彦、渡海《とかい》紀《き》三朗《さぶろう》、井出正一）で会談。

細川政権は崩壊寸前で意見は一致したが、五氏復党は明言しなかった。

31日夕刻、全日空ホテル７０１号室でＹＫＫが森喜朗幹事長と会談。森は、

「細川政権を打倒せず、この際、大連合論もありうる」

と言った。


4月8日、細川首相がついに辞意を表明した。

12日夕方、全日空ホテル３３２３号室で急遽、ＹＫＫ会合を開いた。「細川首相退陣後、小沢が誰を指名するか」「渡辺さんを指名する可能性があるか」について論議。私から、「あると思うが、自民党から80人連れてくるのが条件だ」と話した。

その晩、赤坂の小料理屋「水仙」で公明党の権藤恒夫と会食。加藤も同席した。小沢と近い権藤は、

「小沢さんは渡辺さんを担ぐ構想を持っている」

と話した。

翌日の政策科学研究所総会で、渡辺会長は、言外に政権担当の意欲を示した。

その晩、私はパレロワイヤル4階の渡辺事務所を訪問した。すでに中山正暉がいた。渡辺から、「小沢から言われている自民党から80人連れて出る話は可能かどうか、もういっぺんやってみてくれ。君が集めてくれ」と言われた。私からは、「宏池会にその気があるかどうか、加藤に

相談してみる」と答えた。

20日の晩、「金龍」で、加藤、古賀誠と会う。「80人分党の話は無理だ」という回答だった。残念ながら、ほかにもほとんど同調者はいなかった。

24日の夜は、ニューオータニタワー13階の3201号室にYKKが集まった。3人で政局分析を行う。小泉は、

「小沢さんが羽田孜擁立に踏み切ったので大勢は決したが、社会党は連立を割る可能性がある」

との情報をわれわれに披露した。

25日の晩は「金龍」にて、氏家齊一郎氏、堤清二氏とYKKとが懇談。小沢の決断を踏まえて、「新生党・公明党・社会党等連立与党が羽田孜新首班で合意したこと」が話題となる。小泉が再び、

「連立与党は社会党抜きで統一会派を結成する動きがあるので、社会党は連立離脱の可能性あり」

と話す。

彼の情報は、実に早くて正確だ。事実、翌日には小泉の予言通り、社会党が連立離脱を決めた。

27日の夜も、「金龍」で連日のYKK会合。翌日には羽田内閣が正式に出発するが、少数与党政権となるので長持ちしないだろうとの目測で一致した。小泉が「禁じ手のようだが、社会党を取り込むことも考えたほうが良い」と力説。

28日も全日空ホテル701号室でYKK会合。加藤より、

「少数与党の羽田内閣が出発することになり、政局激動期に入った。YKKが座標軸となって主導権を握るべく、自民党内の若手を糾合して新しいグループを作ろう」

との提案があった。私が賛意を表明して、

「連休明けを待たず、三派3人ずつくらいの若手世話人会をやろう」

ということになった。

「グループ新世紀」結成

5月になった。

だが、ゴールデンウィークも東京から離れる余裕はまったくなかった。

5日午後、全日空ホテル2611号室でYKK座標軸世話人会を開いた。川崎二郎・石原伸晃・根本匠《たくみ》・自見庄三郎・木村義雄ら伸び盛りの若手が集まってくれた。

9日の同時刻も、全日空ホテル2611号室で、再びYKK座標軸世話人会を開き、会称を「グループ新世紀」とし、若手100人糾合を目指して本格的活動を開始することになった。

12日10時、紀尾井町TBRビル806号室で「グループ新世紀」の初会合を開いた。83人の国会議員が出席した。人事は私の提案で、代表・加藤紘一、幹事長・山崎拓、座長・小泉純一郎、事務局長・高村《こうむら》正彦、事務局次長・石原伸晃と決まった。グループの活動目標としては、政権奪還の旗を掲げ、財政構造改革や金融制度改革（含郵政民営化）を主要な政策課題とした。

16日の晩は、「金龍」でＹＫＫと山本富雄・村上正邦両参議院議員とが会合した。２人からは、「社会党を野党化することに全力を挙げるので、ＹＫＫも協力しろ」との要請があった。

19日の夜は、赤坂「たい家」に、海部俊樹元首相からＹＫＫが招かれた。政局懇談という触れ込みだったが、「社会党と組んで羽田内閣不信任案を成立させ、解散総選挙に追い込む」という方向で一致した。

25日の昼過ぎ、衆議院第二議員会館第四会議室で「グループ新世紀」の会合を開き、講師に岩國哲人《てつんど》出雲市長を呼んだ。岩國氏はなかなかの政策マンで、「政経改革」というテーマでの卓話《たくわ》だったが、財政・金融問題では抜群の見識の持ち主だった。

27日正午、紀尾井町ＴＢＲビル806号室で「グループ新世紀」の総会を開いた。若手議員83人の出席があった。加藤代表が挨拶で、

「自民党は、羽田内閣不信任案提出のタイミングを図っている。時来りなば解散総選挙突入は必至なので、準備に入るよう」

と心構えを説いた。

31日は全日空ホテル3階「雲海」でＹＫＫと政治評論家の細川隆一郎氏との昼食会を開いた。細川氏は、細川前首相の縁戚でもあり、細川を切った小沢を憎んでいた。

「この際、ＹＫＫの力で政権奪還を果たすよう」

と発破をかけられた。

日々が目まぐるしく過ぎていった。

6月3日11時、紀尾井町TBRビルで「グループ新世紀」の総会を開く。加藤代表は政策のみを語ったが、一方、小泉座長は、

「羽田内閣不信任案が成立したら、解散せずに総辞職する可能性がある」

と発言したものだから、一同はどよめいた。

6日の夜は、「金龍」で「グループ新世紀幹事会」を開く。YKK＋石原伸晃・根本匠・自見庄三郎・金子一義が出席した。小泉座長が、

「羽田内閣総辞職の場合は、直ちに首班指名選挙になる。誰を担ぐかが勝負どころだ」

と発言したので、私から「渡辺美智雄を担ごう」と言ったが、皆黙っていた。

9日の晩は、港区愛宕《あたご》の「醍醐《だいご》」で、熊谷弘官房長官と密会した。熊谷の行きつけの店らしかった。熊谷は、

「羽田内閣の命脈正に尽きんとしているが、生殺与奪の権は小沢一郎が握っている。渡辺美智雄さんと小沢一郎が密かに会って大連立の話をしたらどうか。急ぐ話だ」

と言った。

私はその足で渡辺の宿舎を訪ね、熊谷官房長官の話を報告したうえで、「実は、来週北朝鮮に行くことにしている」と申し上げたところ、「こんな大政局の時に君が日本にいなかったら困る。やめてくれ」と言われた。私は、

「しかし、今や北朝鮮の核開発問題で、米国との間に極度の緊張が生じており、ジミー・カータ

ー元大統領の電撃的訪朝も取り沙汰されている。日本としても、小沢一郎のように米国の尻馬に乗って強硬論をぶつだけでは核問題の解決はできないのではないか」

と申し上げ、不承不承ながらの了解をもらった。

13日10時15分、成田発NH905便で私は北京に飛び立った。同行者は、日朝友好議連会長代行の谷洋一と私の勇敢な秘書・岩松正樹君の2人だけだった。この旅は、谷が朝鮮総連と掛け合ってアレンジしたものである。この日は、在北京北朝鮮大使館でビザをもらっただけで北京に一泊した。

翌14日15時20分、北京発JS152便に乗り、17時50分、平壌《ピョンヤン》空港に到着した。出迎えは金《キム》養建《ヤンゴン》朝鮮労働党中央委員会国際部副部長（のちに朝鮮労働党統一戦線部長等歴任）、宋日昊《ソンイルホ》国際部日本課長（のちに朝日国交正常化交渉担当大使）ほか4人程だった。通訳は宋課長だった。その当時、金日成《キムイルソン》主席が存命であったが、拉致《らち》問題はいまだ顕在化しておらず、むしろ北朝鮮の核開発問題で米朝関係が一気に緊張していたので、われわれに対する熱烈歓迎ぶりに驚いた。

翌15日は観光のみ。ジミー・カーター元米大統領は、ソウルから車で38度線を越えて平壌入りし、16日に金日成主席と会談した。その結果、

「北朝鮮が核開発を止める代わりに、米国が50万kWの軽水炉を提供する」

という枠組み合意ができて、一触即発の核危機はいったん回避された。

むしろ事件は、16日にわれわれのほうに起きた。

この間に日本で小沢一郎が、

「北朝鮮向けの貨物船の臨検《りんけん》を行う用意がある」

と発言したことが報道された。北朝鮮側は、朝早くわれわれの宿泊しているホテルにやって来て、

「もしそんなことを実行すれば、宣戦布告と見なす（＝日朝は戦争状態に突入する）から、君たちを拘束《こうそく》することになる」

と言ったので、谷が机を叩いて怒り、

「そんなことをしたら日本のマスコミが騒ぐぞ」

と凄《すご》んだ。しかし、宋日昊氏から「それがどうした」と言われて黙ってしまうという一幕もあった。

その夜、私と谷は、金容淳《キムヨンスン》朝鮮労働党中央委員会書記のゲストハウスに招かれた。金容淳書記から強い酒（中国の茅台《マオタイ》酒に似た40度以上の透明の酒）を何杯も呑まされ、さしもの酒豪で名高い谷も、高い椅子からドーンと音を立てて転がり落ちる始末だった。私も同様に深酔いしたので、途中から話の内容ははっきり覚えていない。だが、金書記が、

「朝日はいまだ国交正常化しておらず、戦争状態は継続しているんだ」

と、何度か強調したことは記憶に残っている。

17日には終日、万華台大会堂で黄長燁《ファンジャンヨプ》朝鮮労働党中央委員会書記（序列7位）の「主体《チュチェ》思

想」に関する講義を受けた。

谷は酒が残っているせいか、終日居眠りを続けていた。私は主体思想についてはちんぷんかんぷんだったが、我慢して聴いていた。黄書記は、「主体思想は金日成国家主席の思想であるが、自分が集大成したものだ」とうそぶいた。

18日11時10分、平壌発JS151便で帰国の途についた。平壌飛行場には黄長燁書記が、自ら見送りに来た。黄書記は私とハグして、耳許で、

「君ほどさわやかな日本人はいない。近いうちに日本で会いたい」

と囁《ささや》かれた。

黄氏の意図はこの時わからなかったが、亡命の下心だったのかもしれない。事実、この3年後、黄書記は日本に立ち寄った後、中国・北京で韓国大使館に赴《おもむ》き、韓国に亡命している。この話は、また後で触れる。


われわれは、11時50分に北京に着いたが、行き帰りは同じ旧ソ連製の航空機イリューシンで、いつ落ちてもおかしくないような古い機体だった。北京発NH906号便で、20時10分、無事に成田に帰着。真っ直ぐ、九段議員宿舎606号室の渡辺のところへ向かった。

深夜、渡辺から、

「君がいなかった1週間に、国内政治情勢は大きく動いたぞ。小沢一郎は羽田孜の首を挿《す》げ替《か》える方針だ。俺が党を割って80人連れてくるなら、渡辺首班で行くと言っている」

と言われた。私は、

「党を割るという条件では、誰もついてきそうにないですよ」

と申し上げた。

第3章

自・社・さ新時代

——村山富市、橋本龍太郎内閣

自・社・さ政権スタート

羽田孜が新首相となったが、社会党の政権離脱もあり、最終的には約２ヵ月で総辞職に追い込まれた。１９９４年6月29日の首班指名選挙では、村山富市社会党委員長が僅差で選ばれるという驚くべき事態を迎えることになる。そして、村山政権（自・社・さ政権）がスタートした。

この間の経緯は次の通りだ。

6月20日の晩、日本テレビ本社内「四阿」で氏家齊一郎氏、堤清二氏とＹＫＫが懇談した。〝仮に渡辺首班を前提に保保連合を模索しても、実現性は乏しい〟という結論になった。

21日午後は、キャピトル東急ホテル２０１号室にて、「中央公論」誌上でＹＫＫと田原総一朗氏が対談した。自民党政権奪還の方策について聞かれ、三者三様に答えた。加藤と私は「保保連合」と言ったが、小泉は「自・社連立政権以外にない」と主張した。彼はいつも奇想天外な発想をする。

同日16時から1時間、私は、日本記者クラブで講演した。直前までの対談内容を紹介したら、

「内閣総辞職前提の話をしているが、解散・総選挙はないのか」

との質問が出た。私は、

「まだ小選挙区制による衆議院の新しい選挙区区割り法案が成立しておらず、中選挙区制度のままの選挙になるので、政治改革至上主義者の羽田首相は必ず総辞職の道を選ぶ」

と、答えた。

23日、全日空ホテル701号室で「グループ新世紀幹事会」を開く。平成6（1994）年度予算が成立すれば、直ちに内閣総辞職になる。小泉はやはり「自・社連立政権以外にない」と力説した。護憲政党の社会党と組むのは禁じ手だと思ったが、加藤もやむをえないと思い始めているようだった。

18時30分からは、国会議事堂近くの「山の茶屋」で行われたマスコミ7社政治部長会に招かれた。北朝鮮問題と政局の動向についてしゃべったが、禁じ手の話はしなかった。

この日の午後には、平成6年度予算が成立。自民党は内閣不信任案を提出していた。

25日午前、羽田首相は官邸で記者会見を開き、内閣総辞職の意向を正式に表明。

同日14時30分、中曽根‐海部会談が行われているとの情報が飛び込んできた。「禁じ手」を回避するため、海部元首相擁立の動きが始まっていた。

27日の晩は、赤坂のとんかつ屋「さん亭」に渡辺から呼ばれた。「海部再登板で行こう」と言われたので、「渡辺会長擁立ならいざ知らず、森・小泉・亀井のラインで社会党の村山委員長を担ぐ工作をやっており、党内の大勢はそちらに傾いている」と、率直に話した。

29日午前10時、砂防会館の事務所に中曽根康弘元首相から呼びつけられた。いきなり「拓、兵を引け」と言われた。続けて「社会党と組むのは禁じ手だ。せめて海部で党内若手をまとめろ」と、下知《げじ》された。時すでに遅しの感がして、黙礼して引き下がった。なんだか空《むな》しい感じだったが、加藤・小泉には報告した。2人とも「手遅れだなあ」と言った。

その日の20時、衆議院本会議が開かれ、首班指名選挙が行われた。森喜朗幹事長より、「社会党の村山富市に投票するように」との指令のメモ紙が、改めて議場で回された。すでに各派閥に根回しは終わっていたので、確認のためと思われた。亀井静香や小泉らが慌ただしく動いていた。

第1回投票は村山富市241票、海部俊樹220票で、村山が1位だったものの過半数に達せず、村山と海部の決選投票となった。決選投票は同261票、214票という僅差で、21時59分、村山が第81代首相に選ばれることとなった。この票差を見ると、私が言うまでもなく、「グループ新世紀」の動向によって55年体制の崩壊を伴う自民党の奇跡的政権奪還が行われたといえた。

6月30日、村山新内閣が成立した。

日本の政治史は再び動いた。副総理兼外務大臣に河野洋平自民党総裁、大蔵大臣に武村正義新党さきがけ代表が起用され、自・社・さ政権が発足した。村山首相起用に功績があった亀井静香は運輸大臣に、野中広務は自治大臣兼国家公安委員会委員長に起用され、YKKは、加藤紘一が自民党政調会長に就任することになった。

月替わって7月――。

4日、幹事長・副幹事長会が開かれた。

7日の午後、「グループ新世紀」の総会を開く。せっかく政権を奪還したのに、グループ新世紀のメンバーからは与謝野馨の文部大臣入閣のみで、自・社・さ政権の前途は明るくないというのが一同の想いだった。

14日の夜は、日本テレビ本社「四阿」で、氏家齊一郎氏が設営したＹＫＫと山岸章連合会長との会合が開かれた。加藤政調会長と私は、山岸会長に、「社会党の非現実的な安保政策を変更するよう」説得をお願いした。

18日、臨時国会が召集された。

同日10時、全日空ホテル２６１１号室でＹＫＫ会合。加藤より山岸会長からのメッセージを聞く。それによると、「安保政策の変更については社会党内にかなりの抵抗があるが、村山首相の決断に委ねられた」とのこと。

20日13時、衆議院本会議が開かれ、各党の代表質問が始まり、村山富市首相が答弁で「自衛隊合憲」「日米安保堅持」を明言。従来の社会党の安保政策を百八十度転換した。

翌日午後、紀尾井町ＴＢＲビルで「グループ新世紀」総会を開催した。与謝野馨文部大臣、萩山教嚴《きょうごん》大蔵政務次官ほかが就任の挨拶をした。彼らは張り切っているように見えたが、政調会長である加藤代表から、

「自・社・さ政権はガラス細工のようなところがあるので、政調会長としては三党間の政策調整に細心の注意を払っていく。特に安保政策については専門家の拓さんの手腕に期待したい」

との発言があった。

27日、衆議院院内第24控室で、さっそく三党の防衛調整会議が開かれた。社会党から岩垂寿喜男《いわたれすきお》が出席した。こうして、波乱の7月が過ぎた。

この年も暑かった。

8月は、3日の「金龍」でのYKK会合からスタートした。加藤政調会長から「自・社・さ政権の政策調整に全力をあげる」との意向表明があった。加藤は、

「法案にしろ、予算案にしろ、社会党や新党さきがけの主張をある程度、呑まなくてはならないので、政策調整はガラス細工的なところがある」

と、以前と同じ言葉を使って言っていたが、私は、政策論争が好きな加藤のことだから張り切っているなと感じた。

8〜12日、「拓勝会」議員10人を引き連れて訪中した。北京・大連・上海・香港と旅した。北京では、中国共産党の李淑錚対外連絡部部長、呉学謙全国政治協商会議副主席、唐家璇《とうかせん》外交部副部長らと会談。大連・上海では幼少の頃の住み家を訪れた。かつての「私の家」には、中国人の家族が3世帯も住んでおられたが、懐古《かいこ》の情ひとしおだった。

22〜24日、衆議院安全保障委員会の派遣で、沖縄の米軍基地（嘉手納《かでな》基地ほか）および自衛隊基地（在那覇陸海空基地）の視察を行った。社会党からは岩垂寿喜男理事が同行したが、予想以上に柔軟な姿勢だったので、内心の緊張がとけるようだった。

25日午前、自民党101号室で国防三部会を開き、平成7（1995）年度防衛予算の概算要

求をとりまとめ、16時、自・社・さの防衛調整会議にかけた。やはり社会党は、防衛予算の伸び率抑制を主張したが、「まだ概算要求の段階なので、年末までに調整しよう」とまとめた。

その晩、「金龍」にてＹＫＫ会合。小泉から、

「目下、与党で論議が始まった腐敗防止法制定の件は、自分で自分の首を絞《し》めることにならないように」

との慎重論が出た。

9月1日18時、ＹＫＫが「金龍」に石原伸晃、甘利明を招いた。「グループ新世紀」の運営についての協議が目的だった。事実上、党内最大グループ化している状態だったので、各派閥からの締め付けも厳しくなっていた。そこで、「大懇親会をやってグループ内の融和をはかるべし」との意見が出た。

3日、社会党臨時党大会が行われ、自衛隊合憲、日米安保体制堅持などの政策転換が追認された。

5日18時、善は急げと、ホテル大箱根で「グループ新世紀」の大懇親会を開催した。80人近くの若手国会議員が参加し、盛会だった。社会党との連立政権ではあるが、政権奪還した喜びに改めて祝杯を挙げ、盛り上がった。

時を置かずして、8日14時、紀尾井町ＴＢＲビルで「グループ新世紀」の総会および研修会を開く。講師に外務省の柳井俊二総合外交政策局長を招いた。柳井局長からは、「社会党の安保政

策の大転換で、自衛隊による国際貢献が一段と進むだろう」との期待が話された。

同日19時、「金龍」でYKK会合。加藤より、

「超党派でルワンダPKO調査団を派遣したが、PKO部隊の携行武器の範囲について帰国後よく協議してほしい」

という依頼があった。

11日16時、同調査団が帰国したので出迎え、直ちに、成田空港JAL貴賓室でその件について話し合った。社会党の岩垂寿喜男は機関銃の携行に反対だったが、結局、「ルワンダは危険度が高いので、派遣部隊として一丁のみならやむをえない」ということになった。

翌12日14時、衆議院第二議員会館第四会議室で自・社・さ防衛調整会議が開かれ、間髪を容れずに合意に至った。

13日の晩、日本テレビ本社「四阿」で、氏家齊一郎・平岩外四両氏の立ち会いのもと、YKKと新党さきがけ武村正義代表の会談があった。武村より、

「安保政策が自・社・さ政権のアキレス腱にならないようにしてもらいたい」

という発言があり、加藤が、

「ガラス細工を扱うように丁寧にやるよう拓さんにお願いしてある」

と、三度〝ガラス細工〟という表現を使って答えた。

16日11時30分、赤坂プリンスホテルの「トリアノン」でYKKと矢野絢也前公明党委員長とで会談を持った。矢野より、「自・社・さ政権の防衛調整会議を注目している」との発言があり、

私から、「公明党の意見も、別途聴取しながら進めるつもりだ」と答えた。

18日19時、全日空ホテル2611号室でＹＫＫ会合を行う。加藤は、政調会長として自・社・さ政権の政策調整に全力を挙げることにやりがいを感じている様子だった。社会党の抵抗もあまり苦にならないようで、とにかく張り切っていた。根っから政策好きなのだ。私は、

「従来通り、防衛調整会議は責任を持って仕切るから委《まか》せてくれ」

とだけ言った。

22日14時、「グループ新世紀」の会合を開く。80人以上が集まり、加藤が代表として挨拶。

「全員が政策調整の持ち場をしっかり分担して、『グループ新世紀』が自・社・さ政権の牽引《けんいん》車になろう」

と、熱弁をふるった。

26日晩には、「金龍」にてＹＫＫと社会党幹部の山花貞夫、岩垂寿喜男、松前仰《あおぐ》三氏が懇談した。加藤は、この３人ともケミストリーが合うようで饒舌《じょうぜつ》だったが、小泉は終始寡黙だった。主として臨時国会対策（腐敗防止の徹底および小選挙区区割り法案、税制改革関連法案等）について話し合った。

30日、いよいよ第131回臨時国会が召集された。13時開会式、13時20分与党政策調整会議、14時本会議で、村山富市首相の所信表明演説が行われた。政治改革を断行すると強調し、腐敗防止の徹底および区割りに係る公職選挙法改正案の早期成立を国会に要請した。

月替わって、10月3日の晩、「金龍」でYKK会合。加藤が「グループ新世紀」の講師に久保亘《わたる》社会党書記長を招こうと提案、小泉も「そりゃ、面白い」と言った。社会党とは足並みを揃える必要があるので、私は一も二もなく賛成した。

そして、6日午後、「グループ新世紀」の総会に久保亘を呼び講演してもらった。久保は、自民党の若手議員が村山政権を支えてくれることに大きな期待感を表明した。

13日、衆議院本会議が開かれ、政治改革法案・腐敗防止の徹底および区割りに係る公職選挙法改正二法案が上程され、趣旨説明が行われた。

17日の夜は、「金龍」でYKKと五十嵐広三官房長官が懇談した。五十嵐官房長官は、「区割り法案が成立しなければ解散権を行使しえないので、11月中の成立を頼む」と言われた。私は「必ず成立させる」と確約した。

20日午後、定例となった「グループ新世紀」の総会。

区割り法案が成立すれば私の福岡1区は5つに分割されることになり、どの区を選ぶか早急に決めないといけないという事情をみなに説明した。このことは全員の問題であり、YKKで個別にヒアリングして相談に乗ることにした。

代議士として地元にも目を向けていなければならないのは必然だ。23日、福岡市長選が告示された。私は、現職の桑原敬一市長が3期目の戦いに臨む出陣式に駆けつけた。

1994年も、残すところあとわずかとなった。

11月2日、基礎年金の国庫負担率の引き上げ幅を巡って難航した「国民年金法等改正案」が成立した。とりあえずホッとした。

11日19時、「金龍」にてYKKと久保亘社会党書記長が懇談。政治改革関連法案と税制改革関連四法案を12月3日までの会期内に成立させることを申し合わせた。

14～17日、ワシントンで開かれた第40回日米欧北大西洋議員評議会年次総会に出席した。私は、「日本の民主政治」と題して講演。自・社・さ政権の政策調整のあり方について紹介した。

21日、運命の政治改革法が成立した。これで、村山内閣は年内成立の公約を果たしたことになった。同法は25日に公布され、小選挙区制度が実施に移されることになった。同日には、税制改革関連四法も成立し、1997年から消費税を5パーセントに引き上げることが決定した。

28日には、晩の早い時刻に銀座「吉川」にてYKKと全日空幹部とで会食した。全日空からは若狭得治名誉会長、普勝清治社長、野村吉三郎専務らが出席した。全日空サイドからは国の航空行政に対する強い不満が出たが、小泉は、

「航空業界にもっと競争原理が働くべきだ」

と発言した。

20時30分には散会し、「金龍」に席を移してカラオケの会となった。いつもの通り、加藤が5曲、小泉が3曲、私が1曲歌った。不公平のようだが実力順だ。

師走を迎え、12月8日の夜、「金龍」でYKK会合をした。6日間の延長国会も翌日には終了

するので、前夜祭と銘打って、また「カラオケの会」となった。加藤はよくよく歌が好きなようだ。

12日の晩も「金龍」でＹＫＫ会合。この日は私の誕生日祝いということになった。私は前日で58歳になっていた。加藤は55歳、小泉は52歳で、「50代トリオ」だと笑い合った。

14日、ホテルニューオータニの「千羽鶴」に、五十嵐広三官房長官からＹＫＫが招かれた。臨時国会がうまくいったので御礼の会をということだった。五十嵐は紳士的で、組合の闘士タイプではないと感じた。

この日は、10日に公明党・日本新党・民社党などがそれぞれ解党して新進党が結成されたことに話題が集中した。小泉に言わせると、

「初代党首が海部俊樹、幹事長が小沢一郎であり、第二自民党ができたようなもので政策論争はなくなる」

とのことだった。

翌日も21時に「金龍」にＹＫＫで集合。私から、

「ここ連日連夜、われわれだけで会っているが、国会乗り切りに全面協力した『グループ新世紀』の打ち上げもやるべきだ」

と提案した。

19日18時10分、首相公邸に村山首相からＹＫＫが招かれ、夕食をともにした。五十嵐広三官房長官も同席。自・社・さ政策調整会議におけるＹＫＫの協力を感謝される。私から、

「沖縄県知事選挙（11月20日）で大田昌秀氏が大差で再選されたので、沖縄県民の心を心として基地問題に取り組むべきではないか」と発言。村山首相から「頼む」と言われたので、心に刻んだ。

22日の晩には赤坂「樓外樓飯店」で、「グループ新世紀」の打ち上げを行った。盛会だったが、専ら小選挙区制度導入による自らの選挙区事情が話題となっていた。

27〜29日、「グループ新世紀」の幹事役である関谷勝嗣・中谷元・栗原裕康《ひろやす》・金田勝年・林幹雄《もとお》を引き連れて台北を訪問した。28日には李登輝《りとうき》総統と会談した。李総統の流暢《りゅうちょう》な日本語と品格のある話しぶりに感服した。「尖閣《せんかく》諸島は日本のものだ」と明言された。現状を鑑《かんが》みると、改めて印象に残る言葉であった。

ＹＫＫ激動の幕開く

明くる１９９５年の政局は、１月９日から始まった。

午前11時、自民党本部９０１号室で自民党新年祝賀会が行われた。河野洋平総裁の挨拶の後、村山首相が祝辞を述べた。正午からは、パレロワイヤルで渡辺美智雄主催の新年会も開かれた。大蔵省・外務省・通産省・厚生省の高級官僚が大勢詰めかけていた。

そして、１月17日午前5時46分、阪神・淡路大震災が発生した。明石《あかし》海峡海底が震源らしいとの情報だった。怒濤《どとう》の日々が始まった。

翌日13時から党本部で自民党全国幹事長会議をこなし、翌々日には、午前10時から新高輪プリンスホテルで自民党大会が開かれる予定だったが震災のため延期になった。

19日、自民党の臨時総務会が開かれ、私は国会対策委員長に任命された。小泉の根回しによるものだった。

20日、第132回通常国会が召集され、14時、村山首相の施政方針演説と続くが、大震災対策一色となった。

そんな中、24日の夜遅く、「金龍」にてこの年初のYKK会合を開く。加藤が政調会長として兵庫県南部地震担当大臣に腹心のベテラン政治家・小里貞利を起用した経緯を説明した。

26日は終日、衆議院予算委員会で震災に関する集中審議が行われた。自衛隊への出動要請が遅れたことが問題になった。この時から、自衛隊に求められる役割が大きく変わったように感じる。

30日17時、私は、紀尾井町TBRビル4階の竹下登事務所に、国会運営についての指導を受けに竹下登元首相に会いに行った。竹下からは、

「こういう国家的難局に直面した時は、共産党も含め、超党派で取り組む姿勢が肝心だ。特に新進党の国対委員長とは密接に連絡を取りなさい。小沢一郎君には私から話しておく」

と言われた。

31日10時、衆議院常任委員長室で与党国対委員長会談を開いた。災害対策関連予算の迅速《じんそく》な執行を行うべく審議促進を野党側に働きかけることになった。竹下の言葉を胸に、さっそく野党国対委員長室を回る。そして16時からは、院内国対委員長室で記者懇談会を開き、次のように表明

した。

「新進党側からも、年度内に平成7年度予算案および予算関連法案、2次にわたる補正予算の成立に協力表明が行われている。全党派的に国家的難局に対処すべく、かつ政局安定に資《し》するため、国会運営の円滑《えんかつ》化に全力を尽くす所存である」

2月1日20時から、赤坂プリンスホテル1910号室で、YKKと河野洋平自民党総裁、森喜朗幹事長とで会談を持った。国会運営についての打ち合わせが名目だったが、秋の総裁選挙における党内一本化への協力要請もあった。

2日17時30分、「金龍」でYKKと西澤潤一東北大学総長とで懇談した。加藤が自民党政調に科学技術創造立国調査会を設けることを相談するのがいちばんの目的だった。西澤総長は大賛成で、発会式での講師も引き受けられた。

13日、与党国対委員長が連れ立って阪神・淡路大震災の被災状況を視察することになり、関空経由で陸上自衛隊八尾・伊丹《いたみ》両駐屯地に赴き、被災状況報告を聞いた後、被災地を車で回った。回復の目処がついていない現場を目の当たりにするにつれ、「救援が急がれる状況であり、国会の怠慢《たいまん》は許されない」と話し合った。

帰京した私は、15日の晩、赤坂の居酒屋「水仙」で神崎武法《かんざきたけのり》新進党国会運営委員長・中上政信創価学会組織局長と懇談した。予算関連法案の早期成立に協力を要請し、理解を示してくれたと受け止めた。中上政信氏は私の筆頭秘書・真次道夫と大学の同級生で、この懇談の仲立ちをしてくれた。

16日の夜は、料亭「冨司林」で大手損保4社のトップとＹＫＫで会合。私が東京海上の河野俊二社長と親しく、この会合をアレンジした。損保側としては、税制改正に強い関心を持っていたので、税制に詳しい小泉が主として応答してくれた。

20日18時、赤坂のとんかつ屋「さん亭」で、渡辺の番記者主催の〝ミッチーを囲む会〟に出席した。渡辺が体調不十分のため、代わりに私が記者陣の酒の相手を務めた。元気のない渡辺の様子を見て、秋の総裁選出馬は難しいかなと、ふと感じた。

22日は赤坂のすきやき料亭「松亭」で、「グループ新世紀」の新年会を行った。会場が手狭でぎゅうぎゅう詰めになったが、それだけに活気があった。喫緊の課題である阪神・淡路大震災対策のために、整斉として予算審議を急ぐことを申し合わせた。

28日は、明治記念館内の「花がすみ」で、与党国対委員長主催で前日の平成7（１９９５）年度予算案衆議院通過の慰労会を行った。三党の国会対策メンバーのほか、衆議院委員部および各省庁の国会連絡室職員ら１００人程が出席した。

震災対策補正予算案2本を先に処理したにもかかわらず、来年度本予算案が32日間という戦後最短の審議期間で衆議院を通過したのは、実に画期的なことだった。それだけ皆の危機感が強かったのだろう。

3月5日は、10時から新高輪プリンスホテルで自民党大会が開催された。私はＮＨＫ生番組の

「日曜討論」に出席していたため、10時45分頃到着した。村山首相も出席し、大震災復旧対策の急務について訴えられた。まさに粛然たる雰囲気だった。

同日深夜、日付が変わる直前に加藤より電話があった。

「社会党系の人脈で北朝鮮問題（日朝国交正常化問題）が水面下で話し合われている。自民党で主導権を握る必要があるので、渡辺さんの早期訪朝を促してほしい」

という内容だった。なんでも、先月後半、シンガポールで日朝の有力者が秘密会談し、日本から食糧援助があれば、北朝鮮は核・ミサイルの開発を凍結する話だという。前年秋以来の米朝交渉で合意された〝枠組み合意〟との関連はいったいどうなるのか疑問に思ったが、北朝鮮の食糧難が余程深刻なのだと推測された。

渡辺訪朝団には、保利耕輔自民党政調会長代理・関山信之社会党政審会長が同行し、北朝鮮側は姜成山《カンソンサン》首相・金容淳朝鮮アジア太平洋平和委員長が応対するとのことだが、ただし金正日《キムジョンイル》国防委員会委員長は会談せずと伝えられる。さっそく、九段議員宿舎606号室に渡辺を訪ね報告した。渡辺は訪朝に乗り気だった。

私は常日頃から、渡辺に、

「ベルリンの壁は崩壊したが、朝鮮半島の38度線が解消されないかぎり、冷戦構造は残っていることになる。日朝国交正常化をやり、南北朝鮮統一をやらなければならない」

と助言していた。

9日午後、衆議院第二議員会館地下会議室で「与党三党日朝問題懇談会」が開かれた。第8回以降中断している日朝国交正常化交渉を再開するため、渡辺を団長とする自・社・さ三党の訪朝団を派遣することで合意した。

22日、参議院本会議で平成7年度予算案が可決成立。戦後最も早い時期の成立であり、戦後最も短い審議期間であった。与党国対委員長として面目を施《ほどこ》したと、私は内心、ひと息ついていた。

23日、統一地方選挙・知事選挙の告示。私は、福岡県知事選挙の麻生渡候補の出陣式に駆けつけた。自民党福岡県連会長として、また、麻生に対し出馬要請と説得を行った者としての責任があったからだ。

29日晩、「金龍」においてYKK会合を行った。都道府県知事選挙の分析と、去る22日に行われたオウム真理教に対する強制捜査についての情報分析に話題が集中した。目まぐるしい日々の中、忙中閑、談論風発だった。

YKKの会合では、いつも加藤が上座、小泉が末座《まつざ》に座り、酒の準備までしてくれた。その後、彼らが辿《たど》った道を思うと感慨深い。小泉はその頃、

「俺は総理大臣にはなれない。今後も独身を貫くのでファーストレディがいない」

と言っていた。後年、本心ではなかったことが証明されたが、当時は加藤も私も、その言葉を信じていた。ある時、小泉が、

「君たちが総理になる順番は、じゃんけんで決めろ」

とまで言ったからだ。ある意味、加藤も私もナイーブだったのかもしれない。

ＹＫＫ会合の月2〜3回という頻度は、翌１９９６年に橋本政権がスタートするまで変わらなかった。過去の経世会支配打倒の話はやがてほとんどなくなり、話題は政界の森羅万象と実に多岐にわたった。


4月9日は、統一地方選挙前半戦の投票日だった。福岡県知事選挙は麻生渡が当選し、選挙の責任者だった私は面目を施した。一方、青島幸男東京都知事と横山ノック大阪府知事の当選は、前人気から予想されたことではあったが、有名な政治学者の「国民は自らの水準以上の政府を持つことはできない」という言葉を想起させられた。

12日の晩遅めに「金龍」でＹＫＫ会合をした。私から、

「明日、橋本龍太郎通産大臣の招宴がある。良い機会だから秋の総裁選に立つ気があるか聞いてみる」

と言ってみたら、加藤も小泉も黙っていた。

翌日の19時、芝の料亭「菊屋」で橋本龍太郎通産大臣から自民党国会対策委員会のメンバーが招宴を受けた。宴たけなわになって、私も酔ったし、橋本大臣もかなり酔っている風情だった。二人きりになった機会に、思い切って切り出した。ただし、予定よりかなり踏み込んで、

「総裁選に立候補しませんか。ＹＫＫで応援しますよ」

と言ったら、驚いた様子で私を凝視した。

私は後に引けなくなってしまい、同じセリフを繰り返した。橋本は「考えさせてくれ」と言って席を移した。橋本とは、彼が厚生大臣に初入閣した時に私が厚生政務次官を務め、コンビを組んだ間柄だし、彼の父と私の父が旧制一高で同じクラスだったという縁もあり、格別の親近感を持っていた。ただし、彼のわがまま坊ちゃんぶりは気に入らなかったが……。

18日の晩、「金龍」にて、なんと小渕恵三自民党副総裁からYKKが招かれた。小渕も婉曲な話しぶりではあったが、総裁選出馬の意欲を示し協力を求められた。橋本と小渕は当選同期であり、同じ田中派（経世会）だが、ライバル関係にあった。加藤、小泉ともに心得ていて良い返事はしなかった。私は当然、黙っていた。

21日の晩は、福岡のホテルで再び神崎武法新進党国会運営委員長と懇談する機会を持った。神崎とは選挙区が同じ福岡1区であっただけでなく、同じ校区の住人同士でもある。同氏の頭の良さと人柄の良さには定評があった。与野党の国対委員長として、国会運営について率直な話し合いをした。

「円高対策・大震災対策を含む本年度第一次補正予算を提出するので、早期成立をお願いしたい」

と単刀直入に頼んだら、

「野党として抵抗する時間も必要なので、2週間の審議期間が欲しい」

と言われたので、

「連休明けに提出するので、その後、2週間で成立させてほしい」

と改めてお願いした。神崎は、

「本年は戦後50年の節目の年なので、国会で不戦決議を行う件が俎上《そじょう》に載っている。新進党内はまとまりにくいが、個人的には本国会中にやるべきだと考えている」

とも話していた。そこで、6月には連立与党三党で、決議案をとりあえずまとめる旨を話し合った。

27日の晩、築地の「河庄双園」に五十嵐広三官房長官からYKKが招宴された。戦後50年の国会決議はぜひやって欲しいとのこと。8月15日に発出する総理談話とリンクして考えているとの由《よし》だった。また、連休明けに村山首相と会って欲しいとのことだった。小泉が、

「この種の話は、自民党内きってのリベラル派である加藤政調会長主導で行くべし」

と発言した。

30日～5月2日の3日間はソウルを訪問した。金鍾泌《キムジョンピル》自民連総裁（元国務総理）、金潤煥《キムユンファン》政務第一長官、孔魯明《コンノミョン》外交部長官、李基沢《イキテク》民主党総裁らと会談。渡辺美智雄訪朝団の成果について意見交換をした。韓国側は日朝国交正常化の前提条件として、「朝鮮半島の非核化の実現が必要であること」を強調した。人道上の見地からのコメの無償供与についても、北朝鮮の出方次第では韓国側も足並みを揃えて良い、とのことだった。収穫のある訪韓だった。

7日の晩、約束通り、ホテルオークラ「山里」でYKKと村山首相が懇談した。戦後50年の国

会決議の是非が主たる話題になった。加藤政調会長が、「本件は五十嵐官房長官から頼まれている」と応じ、村山首相は「中国に対する侵略的行為、韓国に対する植民地支配への反省をキーワードにして欲しい」と言われた。私はすかさず、「日朝国交正常化を村山政権の実績にして欲しいが、そのためには国民の強い関心事となりつつある拉致問題の解明が避けて通れないのではないか」とアドバイスした。

11日の夜は、高輪の「開東閣」にYKKが永野健《たけし》日経連（日本経営者団体連盟）会長に招かれた。連日宴席が続く。永野会長からは、

「村山政権は一時1米ドル＝80円に急騰した急激な円高への対応が遅い」

との批判が出た。そこで私は、

「あと1週間程度で緊急円高・経済対策の第一次補正予算を成立させる」

と言明した。

17日、遅めに「金龍」にYKKが集った。小泉から「グループ新世紀」で首相公選論を政策テーマに掲げるよう要請があった。

24日の晩に、赤坂「山王飯店」で「グループ新世紀一周年」の総会を開いた。50人以上が出席したが、それぞれ自・社・さ政権の各般の政策調整会議に出席しており、苦労話に花が咲いた。加藤代表から全員に、「辛抱して懇切丁寧《こんせつていねい》にやるよう」と指示した。首相公選制まで話はいきつかなかった。

25日の夜、「金龍」でYKKが当時新進党に所属していた船田元《はじめ》と会った。小泉はまたもや、

首相公選制度実現に向けて船田に協力を要請した。船田も前向きだった。

26日正午、全日空ホテル「花梨」で、渡辺美智雄・加藤紘一とともに北朝鮮の李成禄国際貿易促進委員会会長一行と会食した。コメの無償供与を求めるための来日だった。渡辺は、「韓国と合わせて50万トンの供与は可能であるが、米国の同意を取りつけるためには、核開発凍結の米朝枠組み合意を誠実に実行することが先決だ」と強調した。また渡辺は、李成禄氏がほとんど料理に手をつけないのを見て、「毒殺を恐れているのではないか」と、私の耳許で囁いた。私は、「彼らは普段あまり食べていないので胃袋が小さいのですよ」と答えた。

31日、衆議院第二議員会館会議室で、小泉念願の「首相公選の会」が開かれた。船田元が主催した。小泉から誘われて私も出席し、小泉が熱弁をふるうのを傾聴したが、憲法改正がマターであり、実現性に乏《とぼ》しいと思うのか、あまり盛り上がらなかった。

6月1日は、15時から東京プリンスホテルで森喜朗幹事長の国会在職25年表彰の祝賀パーティがあった。同日20時、料亭「竹本」に森幹事長から招宴があった。小泉がアレンジした。森からは「河野総裁‐森幹事長ラインによく協力するように」と念を押され、国会運営については、当然のことながら「全面協力する」と申し上げた。

4日9〜10時、NHKの「日曜討論」に出演した。国会運営のほかに戦後50年の国会決議について各党の意見表明があったが、新進党は慎重論だった。積極論の社会党に対する反発と思われた。

7日14時45分、衆議院第一議員会館第四会議室で小泉・船田元が打ち合わせをし、15時から「首相公選制と首相の資質を考える会」を開いた。

東京都知事選挙や大阪府知事選挙の例があり、資質に問題があると思われる人が当選しており、立候補者の資格について条件をつけたいという議論である。小泉・船田とも、「自分たちなら資格がある」と思っているようだ。夕刻には自民党本部の「リバティ」で「グループ新世紀有志懇談会」を開き、私から午後の議論を紹介した。国会議員は20人以上の推薦者があれば立候補の有資格者だ、という結論だった。

9日13時、衆議院本会議に「歴史を教訓に平和への決意を新たにする決議」が提出された。新進党が欠席し、連立与党内部からも欠席者が出る中、賛成多数で採決された。参議院では決議は行われなかった。

決議本文は、「世界の近代史上における数々の植民地支配や侵略的行為に思いをいたし、我が国が過去に行ったこうした行為や他国民とくにアジア諸国民に与えた苦痛を認識し、深い反省の念を表明する」となっている。

12日、新進党から村山内閣不信任案が提出されたが、13日、賛成少数で否決。そして18日、第132回通常国会が閉会した。

翌日の晩、「金龍」でYKK会合を開いた。来るべき参議院議員選挙は自・社・さ政権の是非を問う選挙であり、もし自民党の得票数が新進党のそれを下回ることがあれば、河野執行部の責任であるから交代を求めよう、ということで合意した。

7月4日、米国の独立記念日だが、夜に赤坂料亭「大乃」に政治評論家の細川隆一郎氏よりYKKが招宴を受けた。細川氏は、秋の総裁選にはYKKで統一候補を立候補させよ、と説いた。しかし私は、「KKは、それぞれが肚《はら》に一物《いちもつ》あり、仲を取り持つのは難しい話だろうな」と思った。

6日、参院選が公示。10時に福岡選挙区の合馬敬候補の出陣式に出席した。自民党以外の首相の下での大型国政選挙は、1955年の自民党結党以来、初めてのことであるが、盛り上がらないこと甚だしかった。

9日はホテルニューオータニ博多の地下「大観苑」で、YKK番記者懇談会（幹事はNHKの小池英夫）を行った。地元社を含め20人以上が出席した。これは大いに盛り上がった。三次会は博多の屋台で皆でラーメンを食べたが、遠来のお客さんも多く、小泉がいちばんの人気者だった。

10日には、同ホテルで「山崎拓政経懇話会」を開き、YKKで30分ずつ講演した。会費2万円で350人もの会員が出席し、合馬敬候補に対する支援金を稼ぐことができた。KKの協力に感謝した。

19日午前、ホテルニューオータニ博多で合馬敬候補総決起大会を開催。橋本龍太郎通産大臣が来援し、昼食をともにした。「選挙の結果次第では政局につながるのでよろしく頼む」と言われた。この言葉は、過日の私の呼びかけに対する返事だと直感した。橋本は肚を据《す》えたのだ。

23日、参院選投開票日。自・社・さで65議席を得たが、野党ほか合計61議席と、わずかに４議席を上回るのみであり、自民党の比例区得票数は１１００万票で、新進党の比例区得票数１２５０万票を大きく下回った。合馬敬候補はあえなく落選した。

翌日昼、全日空ホテル２６１１号室にＹＫＫで集合。小泉より、この日、村山首相が辞意を洩《も》らしており、河野・森が翻意《ほんい》を促しているという情報が披露された。事態の推移を見守りつつ、有事即応で行こうと申し合わせた。

26日の晩は、銀座の料亭「吉川」で、全日空の若狭得治名誉会長、普勝清治社長ほかとＹＫＫが会食。若狭氏は、

「社会党政権では内外の難局に対処できないので、自民党政権に交代すべきだ」

という意見を述べた。私は若狭氏は国士だと思っていたので、傾聴した。

８月４日、第１３３回臨時国会が召集された。院の構成を決めるのが目的で、参議院議長は斎藤十朗が選ばれた。同日、「中国の核実験に抗議し、フランスの核実験に反対する決議案」が全会一致で可決された。

８日、臨時国会閉会とともに村山第一次改造内閣が発足した。主要な人事は、副総理兼外務大臣・河野洋平、大蔵大臣・武村正義、通商産業大臣・橋本龍太郎、建設大臣・森喜朗、自治大臣兼国家公安委員会委員長・深谷隆司、内閣官房長官・野坂浩賢《こうけん》といったところである。

9日正午、ホテル西洋銀座1211号室で額賀《ぬかが》福志郎と会う。彼と同期の自見庄三郎が同席した。額賀は橋本龍太郎通産大臣の名代として、自民党総裁選に橋本擁立の相談に来たのだ。その場で、盆明けすぐの8月16日、橋本・額賀・加藤・山崎4人の会合がセッティングされた。小泉は自ら立候補の意志ありと見て、今回は外すことにした。

8月15日11時40分から、日本武道館で全国戦没者追悼式があり、出席した。その後、いわゆる「村山談話」が発表された。

その是非が論争を呼ぶことになるが、核心部分を紹介したい。

――わが国は、遠くない過去の一時期、国策を誤り、戦争への道を歩んで国民を存亡の危機に陥《おとしい》れ、植民地支配と侵略によって、多くの国々、とりわけアジア諸国の人々に対して多大の損害と苦痛を与えました。私は、未来に誤《あやま》ち無からしめんとするが故に、疑うべくもないこの歴史の事実を謙虚に受け止め、ここにあらためて痛切な反省の意を表し、心からのお詫びの気持ちを表明いたします。また、この歴史がもたらした内外すべての犠牲者に深い哀悼の念を捧げます。

小泉の出馬決意

8月15日13時30分より、キャピトル東急ホテルの一室で、亀井静香・野中広務・与謝野馨・古賀誠らと総裁選について協議した。亀井に立候補の意欲ありと見たが、肚の探り合いに終わった。

そして翌16日の晩、ホテル西洋銀座1120号室に橋本龍太郎通産大臣と加藤紘一政調会長、国対委員長である私が向き合って座り、額賀福志郎が少し離れて座ってメモを取る形で落ち合った。ビールで乾杯した後、加藤が開口一番、

「私と拓さんは、来るべき総裁選で同志を連れてあなたを応援したい。立候補の意欲あるや」

と問うたところ、橋本が、

「ありがとう。この恩は忘れない。自分が総裁の間、加藤紘一幹事長、山崎拓政調会長の体制で行く。額賀君に確認のメモを作らせる」

と言明した。再び乾杯して別れた。

24〜28日、「日本の防衛政策を説明してくれ」との要請があり、シンガポールおよびブルネイ両国を訪問した。シンガポールではゴー・チョクトン首相、ジャヤクマール外務大臣と会談した。首相は、私が防衛庁長官を務めている時に防衛大臣として来日され、会談したことがあった。中国と仲良くやってくれ、としきりに説得された。ブルネイではLNG（液化天然ガス）基地を視察。旅行中、東京の加藤から「早く帰ってこい」と矢の催促だった。

28日の晩、全日空ホテル36階「シリウスの間」でYKKが集まった。私は、成田空港から直行した。総裁選対応をどうするかという話し合いだが、反経世会の姿勢が明確な小泉の前で、橋本擁立の件はなかなか言い出しにくかった。

30日、31日と連続で午前中、全日空ホテル２６１１号室でYKK会合をやり、小泉への説得を

開始したが、最後まで首を縦に振らなかった。

9月4日の晩も全日空ホテル2611号室でYKK会合。小泉はそこで、「自ら立候補」の意向を表明した。加藤も私も、止める勇気も資格もなかった。

5日15時30分、昨日と同じ部屋で、短時間だがYKK会合をした。小泉は清和会を中心に多数派工作に入ったことを明かし、これに対し加藤は、

「われわれは橋本で行く」

と言及した。

10日、総裁選告示日。自民党本部701号室で橋本龍太郎候補の出陣式があった。加藤・山崎ともに手勢を率いて参加し、檄《げき》を飛ばした。

12日14時から党本部8階大ホールで、総裁選挙所見発表会があった。橋本演説は手堅いものであったが、面白味に欠けた。小泉演説は郵政民営化政策が中心で、これまた国政全般についての内容に乏しかった。

15日、総裁選で慌ただしい最中、渡辺美智雄逝去の報。ずっと病気を患っていたので、いつかはこの日を迎えるという覚悟はあったが、私にとって中曽根は父親、そして渡辺は兄貴のような存在だったため、心にポッカリ穴が空いてしまった。私は、渡辺の政治家人生の後半をその片腕として支え続けたが、総理の座にこだわり続けた渡辺の道半ばでの挫折は、病魔に屈したことによるので痛恨の極みだ。

19日、キャピトル東急ホテル1005号室で橋本龍太郎選対参謀会議なるものが開かれた。清和会を除く全派閥の代表が出席した。この瞬間、橋本圧勝の大勢になった。

22日15時、自民党総裁選挙の投票が行われた。国会議員投票のみで橋本龍太郎304票、小泉純一郎87票だった。

25日には自民党本部8階大ホールで臨時党大会が開催され、新旧総裁のバトンタッチが行われた。そして、同日14時10分、役員連絡会が開かれ、党三役に加藤紘一幹事長・塩川正十郎総務会長・山崎拓政調会長が正式に就任した。橋本は約束をきちんと履行した。

29日、第134回臨時国会が召集された。直ちに衆参本会議において、村山首相の所信表明演説が行われ、景気回復に全力で取り組む姿勢を明らかにした。とりわけ住宅金融専門会社（住専）をはじめとする金融機関の不良債権問題について、年内に全体的な対応策をまとめる段取りを提示した。

私も加藤も、一気に政権の中枢に入り込んだ。

私が政調会長に就任した当時は、バブル景気（1986年12月〜1991年2月）が弾《はじ》けた後で、深刻な金融危機が進行中だった。株価は1989年12月29日の大納会でつけた日経平均史上最高値の3万8915円から1995年9月25日には1万7566円まで降下していた。

不動産価格も急降下し、担保価値の減少から不動産事業にのめり込んでいた住専8社が破綻寸前という状態になっていた。住専には、農林系金融機関（農林中金・信連・共済連）が多額の資金を貸し込んでいた。それは、政府のバブル対策でとられた1990年4月の総量規制が、住専の不動産向け融資を対象とせず、かつ農協系金融機関は対象外とされたためだった。

私は、政調会長に就任するやいなや党農林三役（堀之内久男・二田《ふただ》孝治・中川昭一）から農協系住専の「協同住宅ローン」を救済するよう申し入れを受け、それを皮切りに、住専問題の処理に私自身がのめり込んでいくことになる。

政調会長室にそれまでなかった株価ボードを設置し、株価の動きに一喜一憂する日々の始まりだった。その頃、政調会長室に最も多く出入りした官僚は、大蔵省の西村吉正銀行局長だった。

10月2日、赤坂プリンスホテル1910号室で矢野絢也元公明党委員長と党三役＋野中広務幹事長代理で朝食会を行った。公明党の小沢一郎離れが垣間見える矢野の話しぶりだった。

11時30分から、首相官邸で政府与党首脳会議が開かれ、副総理が河野洋平外務大臣から橋本龍太郎通産大臣に委譲されたことが発表された。

4日は自民党本部606号室で「農林幹事会」に呼び出された。堀之内久男・二田孝治・中川昭一が出席した。住専問題の適切な処理を依頼された。

その次の日の晩、日本テレビ本社「四阿」で加藤紘一、氏家齊一郎氏の会食に同席した。住専問題について加藤から引き続きのレクチャーがあり、

「この問題（住専の経営悪化）は、母体行責任論と貸し手責任論が対立しており、処理が非常に難しいが、農林系金融機関を潰すわけにはいかないから、公的資金の投入もやむをえない」

というご託宣だった。政調会長としての初仕事になったが、私には荷が重い感じがした。

6日13時、11日13時、そして13日13時、いずれも衆議院第一議員会館地下会議室で与党政策調整会議が開かれた。沖縄における米兵による少女暴行事件、防衛計画の大綱の見直し、不良債権処理問題、宗教法人法の改正等々をめぐり熱心な討議が行われたが、自・社・さ三党間の意見調整は相当なエネルギーを要すると感じた。

連日の会議で消耗した私は、前任の政調会長である加藤の辛抱強さに改めて敬意を表した。

18日の晩は、ホテルニューオータニの「山茶花荘」で野坂浩賢官房長官よりYKK招宴があった。官房長官からは、複数の都道府県で活動する宗教法人の所轄庁を文部省に移管することなどを内容とする宗教法人法改正案の早期成立に、YKKの協力を求められた。私の後に自民党国会対策のキーマンになっている小泉がこれを引き受けた。

24日の夜、遅めに「金龍」で久し振りのYKK会合。その日、河野外務大臣とモンデール駐日米国大使との会談があり、沖縄で発生した米兵少女暴行事件を端緒に、日米地位協定の在り方についての協議が行われたことが話題になった。私は、

「このような悪質な事案については、容疑者たる米兵の身柄を、起訴前に日本側に引き渡すよう運用上の改善を行うことになるだろう」

と2人に報告した。

27日夕刻から約1時間半、自民党総裁応接室で橋本総裁・加藤幹事長と私の3人で国会運営について協議。宗教法人法改正案等の成立を期すべく、11月13日までの会期を12月15日まで延長とすることにした。ただし、衆議院の解散は回避することで一致した。

当初の会期末予定だった11月13日は、向島の料亭「水野」にＹＫＫで集った。午後の衆議院本会議で会期延長の決議後、宗教法人法改正案の採決を行い、参議院に送ったので、参議院対策をどうするのか打ち合わせを行った。加藤幹事長は、青木幹雄に全面依存する腹積もりだったが、私は、村上正邦参議院自民党幹事長が宗教界出身なので難物であり、両者の調整が難航しないかと疑問を呈した。

22日の晩、全日空ホテル地下会議室で関谷勝嗣代議士の政経懇話会があった。日本経済の今後の見通しについて1時間くらいの講演を頼まれていたが、話し始めてものの10分も経たないうちに気分が悪くなり、血の気が引いてばったり倒れてしまった。ホテル側が気を利かせてくれて別室で横になり、すぐ医者を呼んでくれた。非常に変わった治療法で、足を揉《も》んでくれただけだったがすぐに回復した。前夜遅くまで番記者連中とウオッカを痛飲したのがたたったらしい。いずれにしても、このところ過労気味だった。会費2万円の会を潰したことで関谷勝嗣にひどく迷惑をかけてしまい、大きな借りができて気が重くなった。

その日、参議院本会議で、宗教法人法改正案のいわゆる「お経読み」（法案の趣旨説明）が行われ、審議入りした。

瞬《また》く間に激動の一年が終わろうとしていた。

12月1日14時、与党政策調整会議が開かれ、住専問題についてのガイドラインを協議した。農林系の協同住宅ローンを除く住専7社は実質的に倒産・消滅させる。農林系金融機関の負担能力を超える6850億円については、公的資金の投入を行うことなどを決めた。これは画期的なことだ。

宗教法人法改正案等、内閣提出法案17件すべてが成立した。また、総額5兆3252億円という過去最大規模の平成7年度第二次補正予算も成立した。社会党委員長が総理大臣を務める内閣としてはたいへんな実績で、YKKも結束して良く頑張ったと振り返る。

14日14時、大蔵原案内示に始まり、平成8（1996）年度予算案の編成作業が始まった。

15日、臨時国会が閉会。

25日、平成8年度予算案の概算決定。

この一年、自民党政調会長として多忙を極めたが、「グループ新世紀」のメンバーが政調各部会等でとりまとめ役を演じてくれて大いに助かったと、心の中で感謝した。住専問題の処理は与党政策調整会議のガイドライン通り、同日閣議決定された。

同日19時、銀座の「治郎長」で、YKKは梶本幸治全電通（全国電気通信労働組合）委員長ほかと忘年会を行った。全電通側3人の酒豪ぶりに感心したが、私と小泉は日本酒を3合ずつ呑んだ。加藤は専らワインを呑んでいた。

バブル崩壊と第一次橋本内閣

1995年末から村山首相は早めの辞任を示唆していたが、年が明けた1996年1月5日、人心一新を名分として正式に辞任した。

1996年1月11日、第135回臨時国会が召集され、同日衆参両院において首班指名選挙が行われ、橋本龍太郎新総理大臣が圧倒的多数で指名された。直ちに組閣が行われ、その日のうちに第一次橋本内閣が船出した。

橋本新首相は、社会党の久保亘参議院議員を副総理兼大蔵大臣に、梶山静六を官房長官に、新党さきがけの菅直人を厚生大臣にそれぞれ起用した。

そして私は、私の右腕として政調会長代理を務め、また最も信頼する同志であった亀井善之を、本人の希望するポストである運輸大臣に押し込むことができたので、幸先の良いスタートが切れた。

22日、別名「住専国会」とも呼ばれた第136回通常国会が始まった。前途多難と思われた。経営破綻《はたん》した住専の不良債権処理に6850億円の税金を投入し、農林系の協同住宅ローンを除く住専7社を実質的に清算させる、といった内容の「特定住宅金融専門会社の債権債務の処理の促進等に関する特別措置法（住専処理法）」が提出された。

6850億円の公的資金（税金）投入は、年末になってさんざん揉《も》めた末に閣議決定に漕《こ》ぎつけた案だった。しかし野党の反対は、私が考えていた以上に激しかった。

世論をバックにつけた野党側は住専救済阻止にここを先途と張り切り、審議は大紛糾《ふんきゅう》した。

住専対策支出が含まれる平成8年度予算案の審議をストップさせるため、新進党の小沢一郎党首の指揮の下、野党側委員が予算委員会の入り口に座り込み、予算委員を中に入れないようにした。そのため、年度内成立はおろか、成立の見通しの目処すらつかなかった。

与党側の国会運営の責任者だった加藤紘一自民党幹事長はすっかりノイローゼ状態となり、真夜中に私に電話してきては、「引責辞任」を口走るようになった。

私は、衆議院事務局と相談して一計を案じ、局面の打開を図ることにした。エアコンで院内の温度を上げ下げすることで、赤絨緞《じゅうたん》に寄生するダニを跳梁跋扈《ちょうりょうばっこ》させ、座り込みを続けられないようにした。

作戦が功《こう》を奏《そう》したのか座り込みはなくなり、審議が再開され、5月9日になってようやく予算案が成立した。

6月18日、住専法が可決成立。世にいう「住専国会」は終わりを告げた。

7月26日に住宅金融債権管理機構を設立し、最終処理期限を15年後の2011年に定めたが、最終的には二次損失を1兆4000億円も出して、ようやく収束したというありさまだった。

この年は、政治史的に大きな節目にもなった。

9月27日、臨時国会において衆議院が解散。そして、従来の中選挙区制に代わり、初めて「小選挙区比例代表並立制」の下での選挙が行われることになった。

われわれにとって多くの意味で忘れがたい第41回衆議院議員総選挙は、10月8日公示、20日投票で施行された。

私は福岡2区から出馬した。従来の中選挙区である福岡1区は6人区になっていたから、ずいぶんと面積も広く、有権者数も多かった。だが、小選挙区制度が導入されて、旧選挙区は1～5区に分かれ、ずいぶんと狭《せま》くなり、新しい選挙区はマンション居住者8割という完全な「都市型選挙区」であった。

この選挙で私の対立候補は、新進党現職の山崎広太郎で、前回の中選挙区制で全国トップの票をとった強敵だった。俗に「山・山戦争」といわれ、メディアの注目を集めた。私は、同志の応援に全国を走り回りながらも、寸暇を見つけては選挙区入りして街頭演説をぶちまくり、なんとか勝つことができた。9回目の当選だった。この選挙でいちばんお世話になった職域団体は、皮肉にも小泉の天敵となった全国特定郵便局長会だった。

総選挙の結果、自民党は211議席から239議席に増えたが、社会民主党の15議席、新党さきがけの2議席と合わせ辛うじて過半数を維持した。500議席中、自・社・さで計256議席という薄氷の勝利である。

橋本政権は態勢の立て直しを図るため、1996年11月7日、第二次橋本内閣を発足させた。そして、大胆な構造改革路線へと転じた。行財政改革・金融システム構造改革・教育改革・社会保障構造改革等々である。

これらを推進すべく、人事面でも内閣官房長官に梶山静六を留任させ、大蔵大臣に実力者である清和会会長の三塚博を抜擢し、構造改革シフトを敷いた。小泉純一郎は、厚生大臣に起用されたが、郵政民営化担当を外され不満のようだった。小泉が宮澤改造内閣で郵政大臣に就任したのは1992年。そこで彼は「郵政民営化」の火ぶたを切った。大臣自ら、「郵政民営化に賛成しろ」と言って、省内で顰蹙《ひんしゅく》を買った。その頃、局長クラスは誰一人大臣室に入ろうとしなかった、というエピソードがある。

大臣と郵政官僚との不和がそれほど「騒ぎ」にならなかったのは、その当時、誰も郵政民営化が実現するとは信じていなかったからだ。私も正直なところ、不可能だと思っていた。全国特定郵便局長会の政治力を過大評価していたからだ。

小泉はその後も信念を曲げることはなかったから、郵政担当を外されたのは不満以外のなにものでもなかったのだろう。なにしろ小泉が自らの政治家人生で、最も重要視していた政策は郵政民営化だったからだ。

のちに総理大臣となった小泉が本格的に郵政民営化に着手した時、巷では、

「小泉がヤマト運輸と密接な関係があり、そのために郵政民営化を唱えた」

という見方があったが、それは正しくない。彼は郵政三事業（郵便・郵貯・簡保）のうち、とりわけ郵貯の肥大化を批判していたからだ。

小泉が常に言っていたのは、

「日本の金融システムは非常に歪《ゆが》んでいる。郵貯が優遇されすぎている。郵貯のカネは財政投融資を通じて公共事業に流れている。公共事業を仕切っているのは経世会だ。つまり、政官財癒着の根源は郵貯である」

ということだった。

彼は、当選1回生の時に、衆議院大蔵委員になった。当時の大蔵委は予算委が終わった後、夕

方から夜にかけて審議していた。国会議員は、だいたいその時間帯は宴会の約束が入るから、審議の途中で席を立つ議員も多かった。

そんな中で、最初から最後まで席に座っていた自民党代議士が2人いた。最前列の小泉と、最後列の山中貞則（元自民党税制調査会長）だった。小泉は「日本一の税財政通」と呼ばれた山中に目をかけられた。「門前の小僧」の典型だった。私や加藤がもっと華やかなポストを目指している時、小泉はずっとそんな地味な仕事をしていたのだ。

もう一つ、小泉の政治的エネルギーの淵源となっているのは、1972年7月の自民党総裁選で、田中角栄、福田赳夫が総理・総裁の座をかけて激しく争った「角福戦争」だろう。その頃、小泉は私と同様に、衆院選挙に初挑戦して失敗し、浪人中。日々、福田邸でいわゆる「下足番《げそくばん》」をしていた。もちろん秘書という肩書である。

前述したように小泉は、福田が田中に敗れて自宅に帰ってきた時、唯一人で自棄酒の相伴《しょうばん》をして、福田の無念の言葉を直《じか》に聞かされたと言っていた。福田を心から敬愛する書生の身分として、「経世会＝金権政治」という実態に怨念《おんねん》を抱かざるをえなかった。それが、正義感の強い彼の政治家魂に火を点《つ》けたのだ。

そんな男だから、本当は厚生大臣ポストよりも、郵政民営化に執着していたのだ。

1997年、嵐の前の静けさ

1997年になった。

1月13日、年明け早々ではあるが、YKKの会合を「金龍」で開いた。小泉は相変わらず、所管の社会保障の問題よりも郵政民営化の必要性を論じていた。例によって、経世会支配が諸悪の根源だとし、彼の持論である郵貯・簡保の資金こそ政官財癒着の経世会（田中派）支配の大本になっていると主張した。

この年の通常国会は、1月20日に召集された。

駐留軍用地特別措置法改正案が与党内で対立を生む一方、日本銀行法改正案や金融監督庁設置法案などが審議され、金融システム構造改革が進行した。橋本龍太郎首相は施政方針演説の中でも、とりわけ六大構造改革の必要性を強調した。

私は、22日に、自民党を代表して代表質問に立った。保岡興治《やすおかおきはる》政調会総括副会長の強い要望を受けて、六大構造改革に司法制度改革を加えて、七大構造改革にするように提案した。橋本首相は答弁で、この提案を「容認する」と明言してくれた。

今や、司法制度改革実現から十数年が経ち、法科大学院や裁判員制度などの負の側面にばかり注目が集まっているように感じられ、甚だ遺憾《いかん》である。司法制度改革は、保岡の多年の持論だったが、私の政調会長就任を機に門外漢《もんがいかん》である私の補佐役として、専らこの問題に取り組んでくれた。

彼自身、田中角栄ロッキード裁判の弁護士を務めた経験を持つ法曹の人だが、たまたま当時、本件担当の荒木邦一日本弁護士連合会副会長が私の親友で、さらには、下川眞一日本司法書士会連合会副会長も私の強力な支援者であったことから、「保岡・荒木・下川トリオ」で政調会長室次室に陣取り、法務省の役人たちと改革案のとりまとめに余念がなかった。司法制度改革は多岐《たき》にわたっており、司法試験合格者数の増加、裁判員制度の導入、法曹養成制度改革としての法科大学院制度や新司法試験の導入、等々である。

いずれも非常に画期的な制度で、「開かれた司法」を目指して昼夜熱い議論を闘わせた。画期的すぎて日本の現状になじまなかった点もあったかもしれないが、司法の役割に国民の眼を向けさせ、活性化させた功績は大きいと思う。

29日の晩、「金龍」にて、実践倫理宏正会の上廣榮治《うえひろえいじ》会長の招宴があり、YKKと森喜朗、亀井静香建設大臣の5人が出席した。森・亀井は上廣会長ときわめて昵懇のようで、言葉遣いにも遠慮がなかった。亀井がここぞとばかりに政局を大いに論じ、

「4月1日から消費税率を3パーセントから5パーセントに上げることについて、今からでも実施時期を1年延ばすように緊急立法したほうが良い」

と主張したが、全員から「財政再建は急務」という見地で反対され、亀井は憮然《ぶぜん》とした表情をしていた。

30日、北朝鮮の黄長燁朝鮮労働党書記が、「主体思想に関する講演」のためという名目で、突然来日した。私は、1994年に訪朝した時、平壌で黄氏から別れ際に「また日本で会いたい」「君ほどさわやかな日本人はいない」と耳元で囁かれたことを思い出した。案の定、すぐに朝鮮

総連の許宗萬《ホジョンマン》責任副議長を通じ、私に面会の申し入れがあった。

月が替わり、突然来日した同氏から面会の申し入れがあったことを橋本首相に伝え、どうすべきか判断を仰いだところ、「会わないほうが良い」という指示があったので、代理として萩山教嚴国対副委員長に宿泊先の京王プラザホテルを訪ねてもらった。お土産品に虎屋の羊羹《ようかん》を50個ことづけることにしたが、とにかく重いので、軽トラックで運んでもらった。朝鮮労働党の書記は100人もいると聞いたので、帰国後その半分くらいはお土産として配ったほうが良いだろうと思ったからである。

黄氏は2月11日に帰国の途についたが、翌12日、北京で秘書の金徳弘《キムドクホン》氏とともに韓国大使館に赴き、「亡命」を要請した。そしてその後、2010年10月9日にソウルで死去するまで、「脱北者」として韓国に在住した。亡くなる年の4月には悲願の日本再訪問も実現したのであった。

黄氏はあの時、私と会うことができたら、日本で亡命するつもりだったのではないか――と振り返って思う。黄氏はよく知られる通り、戦前に日本の中央大学で学び、日本語にも堪能だった。

蛇足ではあるが、私が面会する代わりにお土産に贈った虎屋の羊羹50個は、今も行方不明のままである。

24日、ホテルニューオータニ本館に部屋を取って、加藤幹事長とともに民主党の仙谷由人《せんごくよしと》・枝野幸男と、本国会の運営について意見交換をした。仙谷・枝野はいずれもシャープな論客といった印象。加藤とは同じリベラルで、ウマが合うようだった。加藤は心底でこの先、政界再編してリベラル勢力の結集を考えていたのではないか。

25日の晩は、永田町の「藍亭」で氏家齊一郎氏の声掛けで、中曽根康弘、中尾栄一、村上正邦と会食した。御三方の真意は、「政策科学研究所（中曽根派）と温知会（渡辺グループ）の融和の労を取れ」というものだった。我が強い個性派ばかりで、融和は難しいのではないかと頭を抱えた。

梅の見頃が終わりかけた3月5日、平成9（1997）年度政府予算案が衆議院で可決され（賛成267票、反対231票）、参議院に送付され、年度内成立が確実になった。その日の深夜、「金龍」にYKKが集合し、祝杯を挙げた。とりあえず、ホッとした。年度内に予算が成立しないと、地方自治体からも悲鳴が上がるからだ。

17日には、韓国の金太智《キムテジ》駐日大使より、自・社・さ三党政策責任者（山崎拓、及川一夫、渡海紀三朗）が大使公邸に招かれた。社民党の政審会長（政調会長）だった及川は、全電通の委員長を長く務めていて、郵政民営化の反対の旗頭でもあった。この年の後半にはそれでぎくしゃくすることになる。

金大使の用件は、「東アジア・東南アジアを襲いつつある経済危機への対処策について相談したい」というのが表向きのものだったが、実際は、国際通貨基金（ＩＭＦ）への援助を申請する前に、日本からの単独金融支援を頼みたいとの意向のようだった。正直、われわれ３人には、ちょっと荷が重い話だった。

２日後の18時30分、成田空港発ＵＡ87便で私はソウルに向かった。

前段の話を受けて、21日までの２日間、新韓国党幹部の李会昌《イフェチャン》、金潤煥《キムユンファン》、金徳竜《キムドクリョン》、李仁清各氏らと日韓友好関係について懇談するのが目的だった。とりわけ、最後に会った金守漢《キムスハン》国会議長は、韓国政界の超大物の一人であるとともに「韓日親善協会」の中心的人物であり、温厚篤実《おんこうとくじつ》かつ日本語も流暢な紳士だった。

日韓友好議連を中心としてパイプを築き、竹島問題等で、それこそギスギスしないように、「われわれ２人が日韓関係で肚を割った話ができる間柄になろう」と忌憚《きたん》なく言われ、私も快諾した。金融危機の話はほとんど出なかった。

帰国後の３月28日、参議院本会議で平成９年度総予算がギリギリで可決・成立した。その日の18時30分、加藤幹事長の音頭で、院内で自・社・さ三党の幹事長、政策責任者、国対委員長の九者協議を開催。「予算の会期内成立は画期的なことだ」と、お互いに自画自賛するとともに、「４月以降は関連法案の成立に全力を尽くそう」と申し合わせた。

新年度となった４月３日、朝から梶山静六官房長官と加藤幹事長、村岡兼造国対委員長とともに院内で会った。「駐留軍用地特別措置法改正案を閣議決定し、これを本日国会に提出したので、よろしく頼む」という話だった。

本改正案は、わが国に駐留する米軍のために使用されている土地の使用期限が切れることに伴い、使用期限が切れても収用委員会の裁決による権限取得まで暫定使用ができるようにするものである。

自・社・さの足並みを揃えることが困難な法案だった。とはいえ、時間に余裕はない。直ちに六者協議（自・社・さの幹事長・政調会長）を開き、暫定的措置であるからやむをえないということで折り合った。

11日、無事衆議院本会議で可決し、17日には参議院本会議で可決・成立した。一つの法案を成立させるには、たいへんな政治的エネルギーを必要とする。

この間、7日の深夜には、「金龍」でYKK会合をやり、自・社・さの結束が乱れないよう根回しを怠《おこた》らないことを確認し合ってもいる。

また、政調会長の職務は、国内だけに目配りしていればよいというわけではない。対外案件も次々に発生する。


4月22日、南米ペルーの首都リマにある在ペルー日本大使公邸にペルー特殊部隊が突入した。テロリストが日本大使公邸に人質をとって立てこもるという事件が発生したのは前年1996年12月17日（現地時間）であるが、この突入で事件が解決するまで4ヵ月以上かかり、連日、日本の新聞・テレビでその模様が報道されていた。私もたびたび事件対応に追われた。

この事件でフジモリ大統領は、ペルー陸海空軍の特殊作戦部隊を使ってMRTA（トゥパク・アマル革命運動）のテロリスト14人を射殺し、人質となっていた青木盛久駐ペルー特命全権大使が脱走時に怪我を負ったものの、そのほかの日本企業のペルー駐在員を解放することに成功した。このことで、フジモリ大統領は日本国内ではもちろんのこと、国際社会からも一躍英雄扱いされることになった。

その後フジモリ大統領は、残念ながらペルー内政上の混乱を収拾できず、指導力を失った。事件解決3年7ヵ月後の2000年11月13〜15日にブルネイで開催されたAPEC（アジア太平洋経済協力）首脳会議に出席後、17日に訪日して事実上亡命することになる。

その後私も、フジモリ氏および現夫人・片岡都美《さとみ》氏はじめ周辺の人たちとの密接な交流が生じた。後年、フジモリ氏がチリを経由してペルーに送還され、ペルー政府に拘束された際には、「フジモリ元大統領を救う国会議員の会」の会長を務めることになった。ペルーの事件は、私の中でも因縁深い国際問題の一つだ。

4月28日10時50分、自民党政調会長訪中団一行10人の団長として、成田発NH905便で、私は北京に向かった。30日まで滞在し、5月1日に西安を訪れ、翌2日に帰国した。北京滞在中は、江沢民国家主席、胡錦濤《こきんとう》政治局常務委員、遅浩田国防部長らと会談した。最近の中国との「距離」の遠さを思うと、さまざまな思いが胸を去来する。

江沢民国家主席は威風堂々としていたが、

「中日は歴史の誤ちを忘れず、未来志向で行こう」

と強調した。

胡錦濤氏は、その6年後には党総書記、国家主席に就任することになるが、物静かで落ち着いた話しぶりが印象に残った。遅浩田国防部長は日中戦争の経験者で、旧日本軍に対する恨《うら》みも漏らしたが、子々孫々に至るまでの平和共存を説いた。その後、訪日された際に再会するなど、通算6回お会いし、文字通り老朋友《ラァオパァンイウ》となった。

日中政治関係の今昔の感ひとしおである。

通常国会は150日間で幕を閉じ、特殊法人等の整理合理化の一環としての統合三件（六法人を三法人に）を実現する法が成立した。

この年の夏休みは、7月初旬の訪米を除き、例年と比べると、比較的穏やかな時期を過ごしたように思う。

9月に入り一転して、11日、内閣改造（第二次橋本改造内閣）が行われることになった。

この組閣にあたり、橋本首相はなんと「組閣名簿」の作成を加藤幹事長に依頼した。加藤から、「拓さん、手伝ってよ」と声が掛かったので、野中広務幹事長代理とともに手伝うことになった。実はこの時、橋本首相から「通産大臣に転じないか」という話もあったが、加藤が、「党執行部における2人のコンビは崩せない」と断ってくれていた。

大蔵大臣の三塚博、厚生大臣の小泉純一郎は留任したが、私としては盟友・自見庄三郎の初入閣に全力を挙げ、第123代郵政大臣に押し込んだ。自見は、九州大学医学部卒の医学博士である。厚生大臣を希望していたが、小泉と代わることは無理だった。

しかし、自見の政治家としての運命は、これを機に有為《うい》転変を遂《と》げることになった。自見は、郵政大臣になったことで郵政民営化反対の強い抵抗勢力になっていった。彼は、部下である郵政官僚と意思の疎通をはかり、民営化の問題点を聞かされていたこともあり、彼なりの結論が「反対」になったのだろう。

そして、その自説を曲げることはなく、後年、結果として小泉と対立することになってしまった。2005年9月の郵政解散総選挙では「非公認」となり、刺客を送り込まれ惨敗した。

自見は、しばらく浪人を余儀なくされた後、2007年7月の参議院選挙全国比例区に国民新党から出馬し、国政にカムバックすることができた。国民新党に移ることができたのは、いわば、「非公認・落選」の道筋をつけてしまった私が、責任を感じて国民新党を率いていた綿貫民輔、亀井静香両氏と話をつけたからだ。

その後、国民新党は、民主党が2009年9月に政権を奪取した時には連立を組み、与党になった。その一方で私は2009年の自民、民主の政権交代となった総選挙で、落選の憂《う》き目《め》を見た。

政界は、一寸先は闇という。本当に何が起きるかわからない。この時ばかりはしみじみそう思った。

民主党政権がスタートした当初、亀井静香が郵政改革・金融担当大臣で入閣したが、途中で自見庄三郎と交代した。自見は連続3回入閣し、通算4回の閣僚歴を誇ることになった。

ガイドライン見直しと金融危機の勃発

時計の針を1997年9月に戻す。

日米安全保障協議委員会は、日米防衛協力のための指針（ガイドライン）の見直しを公表した。ガイドラインとは、日本が他国に攻撃されたり、周辺国で有事になったりした際の自衛隊と米軍の役割分担などを定めた文書であるが、1978年に旧ソ連の侵攻に備えて初めて作られ、その後冷戦の終結、世界情勢の変化とともに、内容を見直す必要に迫られていた。

実はその年の4月8日に、米国のコーエン国防長官が、スローコム国防次官、キャンベル国防次官補代理を従えて来日し、自・社・さ三党の政策責任者（山崎拓・及川一夫・水野誠一）と米国大使館で会談した。米側の要請は、

「前年（1996年）4月、東京で開催された橋本首相、クリントン大統領の日米首脳会談において発出された日米安保共同宣言に基づき、日米防衛協力の新ガイドラインの作成作業を始めたい」

というものだった。

この日米安保共同宣言は、冷戦終結後の日米同盟関係のあり方について、とりわけアジア太平洋地域の安定のため、この地域に米国が約10万人の前方展開軍人要員からなる兵力構成を維持す

ることを条件に、沖縄の米軍基地を整理・統合・縮小することの合意を表明したものである。

私は、米側の要請を受けて、防衛庁長官だった久間章生《きゅうまふみお》とも打ち合わせたうえ、5月12日、自民党国防関係議員に集まってもらい、党側の意見集約を開始した。同時に、7月4日から三党の安保政策の責任者10人で与党（自・社・さ）ガイドライン協議会を設置し、私が座長で仕切り、9月24日までの間、10回程開催して精力的な協議を行った。

その間、6月3日にホテルオークラでキャンベル国防次官補代理と会った際、

「与党ガイドライン協議会のメンバーで訪米して、米国の国防関係者——とりわけ制服組——の意見を聞くように」

と要請された。

これを受けて訪米し、6月30日（日本時間7月1日）ワシントンのペンタゴンのオペレーションルームで北東アジアの軍事情勢について制服組によるブリーフィングを聴取した。さらに、7月3日（日本時間4日）、ハワイでジョゼフ・プルアー太平洋軍総司令官と会見し、アジア・太平洋地域における第七艦隊を主軸とする米海軍の展開状況と在日米軍基地が果たす役割の重要性について説明を受けた。

米側は、日本が憲法解釈上禁じている集団的自衛権行使を可能にすべく、日本が解釈改憲を行うよう着々と手を打ってきていると感じた。


9月になってガイドライン問題の協議は大詰めを迎えた。

8日、米国のクレイグ国務省政策局長、9日、キャンベル国防次官補代理、12日、スタンレー・ロス国務次官補が相次いで自民党本部の政調会長室を訪れた。いずれも「防衛庁事務方のドン」の異名をとった守屋武昌《たけまさ》氏（当時は防衛審議官）が立ち会った。

主要な論点は、周辺事態（日本の周辺地域における事態で日本の平和と安全に重要な影響を与える事態）における日米協力のあり方だった。まさに、集団的自衛権を行使してアジア太平洋地域における米軍の軍事行動――主たる想定は、台湾海峡事態と朝鮮半島事態がイメージされていた――に対する支援を求めるものだった。

私は「支援は、日本にある米軍基地から出動する米軍への、武器・弾薬を除く物資の提供に限定すべきだ」と考えていた。

なお、翌1998年4月、橋本内閣が国会に提出した周辺事態法案では、「後方地域支援」という文言が使われた。単に「後方支援」では武力行使と一体化すると見做《みな》され、結果、集団的自衛権の行使を容認することになるからである。

9月18日、自民党防衛幹部会を開き、了承を得たうえで、24日および29日の与党ガイドライン協議会で合意を得ることができた。こうして、政府のガイドライン関連法案作成作業にゴーサインを出すことになった。

11月になって、北海道拓殖銀行、山一證券という大手金融機関の経営破綻が相次いだ。当時、マスコミの一部からは「山拓不況」などと揶揄されもしたが、政調会では保岡興治をキャップとして、石原伸晃、塩崎恭久《やすひさ》、根本匠ら若手有望株の面々が党金融不良債権処理対策を真剣に論じ合ってくれていた。

彼らから「キャピタル・インジェクション（資本注入）」という耳慣れない用語を聞いたのもその頃である。

これは、不良債権で資金不足に陥《おちい》っている金融機関に公的資金で資本注入するという構想であった。橋本首相や加藤幹事長も同調し、実行に移すことになった。最終的には30兆円という大規模なものになったが、金融機関の再編も同時に進行し、銀行名は次々と、長たらしくややこしいものに変わっていった。

金融危機は片づいていなかったが、1997年も終わりということで、慰労の意味も込めて12月25日、「金龍」でYKKと日本テレビの氏家齊一郎氏、坪井栄孝《えいたか》日本医師会会長の5人で忘年会を開いた。

誰が思いついたのかバンドを呼び、「歌の会」になった。皆、歌が好きだった。もちろん歌謡曲ばかりである。マイクを独占したのは相変わらず加藤であるが、私は内心、小泉のほうがやっぱり上手だと思った。歌に自信のない私は、これまたお決まりの『白いブランコ』1曲だけ歌って、お茶を濁《にご》した。YKKの会合は以前と較べると少なくなってはいたが、この年、8回目の集いだった。

同日、橋本首相は「財政再建との整合性をもって景気対策をやる。1997年度補正で2兆円減税を断行する」と発表していた。明くる年の国会のことを思うと、とうてい酔える気分ではなかったが、嵐の前のひととき、憂《うれ》いを払うかのように深夜まで歌声が止むことはなかった。

大敗北——橋本退陣

１９９８年1月12日、この年は例年より1週間程度早く、第１４２回通常国会が召集された。13時からの開会式の前、11時に首相官邸で橋本首相と会談した。桑原敬一福岡市長と太田誠一も同行した。２人の用件は、サミット（主要国首脳会議）福岡市誘致の話であったので、一緒に申し入れだけして、２人には出てもらって私だけ残った。

前年暮れから持ち越しになっている景気対策として、２兆円減税を打ち出したことについて、私から異論を提議した。私は、景気対策としては減税よりも公共事業のほうが効果的であり、４月以降実施の恒久減税といっても国民の懐《ふところ》に入るのは先の話なので、目先の対策が肝要であると論じた。

しかし橋本首相からは、とりあえず深刻な景気後退に対処するため、今月中に2兆円特別減税を盛り込んだ平成9（１９９７）年度補正予算を成立させてほしいと申し渡された。加えて、金融機関の相次ぐ経営破綻に伴う金融システム不安に対処するため、金融システム安定化関連法案を本予算成立次第、成立させてほしいとも言われた。

19日14時、衆議院第一議員会館地下会議室において、「与党財政と金融のあり方に関する協議会」が開かれた。日銀の松下康雄総裁も出席したが、いよいよ財金分離の協議が動き出した。私は座長なので、とりあえず中立の立場だ。

22日21時、「金龍」でこの年初のＹＫＫ会合を開いた。小泉純一郎厚生大臣は、財政再建のため前年4月1日に消費税を3パーセントから5パーセントに上げたばかりであり、来るべき参議院選挙のためとはいえ、ここで景気対策のための特別減税をやることは断固反対だ、とする主張を曲げなかった。

26日9時、院内で自民党役員会が開かれた。終了後、橋本首相と二人きりになった。橋本首相から、

「財政改革法改正案に、特別減税の実施時期の延長条項を入れるかどうか検討してくれ」

と言われた。私は、その場で反対した。

「そんなことをしたら、橋本政権の責任問題になると思う」

と率直に言った。一方、橋本首相から、株価のＰＫＯ（株式市場への介入）をやることについて、

「あなたが株価操作を模索していると聞いているが、今はやらないほうが良い。いずれ3月末になれば益出し（利益を確定すること）のために売ってくるので、株価を支えるとすればその時だ」

と言われた。また、

「財金分離について前向きな発言をしたところ顰蹙を買ったので、とりあえず中立を保つが、社民の出方が問題なので、慎重な三党間の調整をやってほしい」

とも言われた。

28日、平成9年度補正予算と特別減税関連三法案が衆議院を通過し、特別減税法は1月30日に参議院において可決成立した。

2月16日18時30分、浅草の料亭「瓢庵《ひさごあん》」で、及川一夫社民党前政審会長、水野誠一新党さきがけ政調会長、全電通の佐々森和男委員長、加藤友康総務部長と痛飲した。及川は本当に酒が強いが、NTT分割案、財金分離案に頑固に反対するので閉口した。この日、早くも金融システム安定化関連法が成立した。

3月2日20時、新橋の料亭「金田中」にYK（山崎・加藤）が小泉厚生大臣から招かれた。小泉は「特別減税反対はあきらめたが、財革法の実施時期の延長には絶対反対する」と言った。やはり彼は、筋金入りの財政再建論者だ。

14日土曜、15日日曜の両日、橋本首相に同行してインドネシアを訪問。スハルト大統領、ハビビ副大統領、アラタス外務大臣、ギナンジャル経済財政産業調整大臣らと会った。前年来のアジア通貨危機（ヘッジファンドなど短期資金の急激な流出による）に巻き込まれ、IMFの管理下に入るなどインドネシア経済が危機的状況に陥っており、スハルト政権は、日本からの資金融通を求めてきていた。橋本首相は、金融支援には応じる代わりに、大胆にもスハルト大統領に政界引退を奨めた。なかなかできない芸当だ。結局、一族のファミリー・ビジネスや不正蓄財への国民の不満が噴出し、辞任に追い込まれることになった。

21日、ホテルニューオータニ37階3720号室で、村岡兼造官房長官と会う。村岡は同期の桜だが、人柄が良く、信望も厚い人で、何事も打ち明けて話し合うことができた。平成10（1998）年度総予算の年度内成立が困難になったので、つなぎの暫定予算を用意してほしいとの申し入れを行った。村岡は、当然のことながら応諾した（結局、総予算は4月8日に可決成立）。

4月5日19時、ホテルニューオータニ本館961号室で、村岡官房長官、額賀福志郎と会った。今度は村岡のほうから、景気浮揚の兆《きざ》しは見えず、不況がさらに深刻化する折から、強力な経済対策を党側で打ち出してほしいということだった。さっそく作業に入る、と答えた。

8日10時、衆議院第一議員会館地下会議室にて「与党ガイドライン問題協議会」が開かれた。前年1997年9月23日に日米外務・防衛両当局間で合意されたガイドラインに基づき、これを法制化するための初の準備会合だった。

同日20時、米国大使公邸でトーマス・ピカリング国務次官と会食した。ガイドライン立法について早期整備を要請された。「与党ガイドライン協議会」を発足させたばかりだ、と話した。

14日、両院本会議において、橋本首相は経済対策について報告。4兆円を上回る大幅減税を行うとともに、与党でまとめた案に基づき、総事業規模16兆円を上回る過去最大規模の対策を実施すると表明した。

16日11時40分〜12時15分、首相官邸で橋本首相と自民党三役が財政構造改革についての打ち合

わせを行った。橋本首相からは、

「今回の大規模な経済対策は緊急避難的なものであり、財政構造改革の（歳出上限を定める）キャップは堅持するので、これに批判的な小泉厚生大臣にも、その旨伝えてほしい」

と言われた。加藤幹事長もその場にいたが、私から、

「昨夜YKKで、財政構造改革は橋本首相の最重要政策なので、軌道に乗るまでキャップを堅持しようと話し合ったばかりだ」

と報告した。橋本首相は、

「国際社会は16兆円の経済対策にはほとんど反応せず、特別減税のほうに注目している」

と言った。その他、大蔵省事務次官人事の話になったが、橋本首相から、筆頭候補だった涌井洋治《ようじ》氏が女房に先立たれて子供2人を育てる姿に同情している、という人情話があった。

20日20時、ホテルオークラの「山里」で橋本首相と自民党三役との会食があった。橋本首相から、財政構造改革法改正について、

一、弾力条項として海外情勢を入れること
二、社会保障費のキャップは2パーセント程度で良いこと
三、教員定数の見直しはダメ

等々を財政当局に指示した旨、話があったが、どうも腰がふらつき始めた感もあった。

23日9時から45分間、保岡興治、愛知和男、臼井日出男を連れて総理大臣室を訪れた。保岡から土地・不良債権処理のトータルプランについて説明した。橋本首相はうわの空で聞いている風だったが、ABS（資産担保証券）への公的資金の投入だけは反対した。

橋本首相はその話をそっちのけにして、

「恒久減税と財革法改正について強力に反対している小泉厚生大臣が、辞表を持って自分に会いにくると言っているので、辞表を受理するか俺がサミット後にやめるかどちらかになる。拓さんから小泉が会いに来ないように説得してくれ」

と言った。その件で5月6日、12日と続けざまに橋本首相から小泉辞任を食い止めるよう要請があった。やむなく厚生大臣室に何度も会いに行ったが、言い出したら聞かない小泉の頑固さにはほとほと手を焼いた。

27日12時45分、衆議院第一議員会館地下1階会議室で、与党ガイドライン問題協議会を開いた。14時から園遊会が開かれるので、マデレーン・オルブライト国務長官来日時の日程打ち合わせのみを行った。

28日16時30分～17時15分、衆議院内自民党総裁室で、オルブライト国務長官と自民党三役とが会談した。オルブライト長官は主に北朝鮮情勢を話し、ガイドライン立法（周辺事態法）の必要性を強調した。その際に、私に緊急訪米の要請があり、ペンタゴン（国防総省）で北朝鮮の核開発状況のブリーフィングを受けてくれないかと言われた。

同日18時30分、ホテルニューオータニの「山茶花荘」で、橋本首相がオルブライト米国務長官一行とフォーリー米大使を招き、宴席を設けた。オルブライト氏は米国で女性として初めて国務長官を務めた人物である。和気藹々の雰囲気だったが、オルブライト氏は酒も押しも強そうだった。

さっそく翌日から5月1日まで急遽訪米し、国防総省でスライド付きのブリーフィングを受けるとともに、キャンベル国防次官補代理、国務省でタルボット国務副長官らと会談した。ガイドライン立法の整備が急務だと強調された。すっかり洗脳されて、日米実務者協議を急ぐことになった。

米国政府は私を、この問題の根回しのターゲットにしていたようだ。

5月6日17時30分、首相官邸で加藤幹事長とともに橋本首相と会った。まずは大蔵省次官人事の件だったが、省内不祥事（接待汚職事件）の監督責任を誰に取らせるかという相談だった。涌井氏を守りたい意向のようだった。

また、久間章生防衛庁長官を緊急訪中させる件については、中国側が久間長官から、日米防衛協力のガイドラインの中身を見て、台湾問題とＢＭＤ（弾道ミサイル防衛）構想についての考え方を聞こうとするだろうから、しっかりと答えを準備していくように指示したとも語った。

ガイドライン協議の訪米チームは外務省が鶴岡公二・佐野利男両名、防衛庁が大古《おおふる》和雄他一名のメンバーで精鋭を揃えてあるとの説明もあった。

11日、橋本内閣は16兆円超の総合経済対策の裏づけとなる平成10年度補正予算案と追加特別減税法案および財政構造改革法改正案等関連五法案を閣議決定し、国会に提出したが、その際に小泉厚生大臣は、やはり特別減税案に強く反対の意を唱えたようだ。

12日18時30分から築地の「河庄双園」で、橋本首相と役員連絡会メンバーとの会合があった。これは5月15〜17日の間、英国バーミンガムで開催予定の八大国サミット会議に出席する首相の壮行会だった。橋本首相は、わが国の大型経済対策をアピールすると同時に、金融システム構造改革への支援を訴えてくると話した。

25日20時30分および6月8日21時に「金龍」でYKK会合を開き、加藤と2人で小泉に対し橋本内閣の方針を我慢して支持するように説得した。小泉は、橋本首相の財政再建路線の迷走ぶりをなじり、参議院選挙での大敗を予言した。夏目漱石は「智に働けば角が立つ。情に棹《さお》させば流される。意地を通せば窮《きゅう》屈《くつ》だ。兎《と》角《かく》に人の世は住みにくい」と言ったが、つくづく「智の加藤・情の山崎・意地の小泉」のありようを言いえて妙だと思った。

6月25日に第18回参議院議員通常選挙が公示された。私は東京・福岡の候補者の応援には数回入ったが、他の全国17県にも足を運び、遊説して回った。

投票日は7月12日。結果は武運拙《つたな》く、自民党は改選数126議席中44議席しかとれず、非改選数と合わせて103議席と大敗北となった。

その日、14時20分、当時私が事務所を借りていた全日空ホテル812号室で加藤幹事長と会い、マスコミの出口調査で大敗北と判断し、橋本首相に辞表を提出し、総辞職を進言することを申し合わせた。17時、党三役（加藤・山崎・森）が同ホテル３５１号室に集合し、３人共辞任することを決めた。加藤幹事長は直ちに電話でその旨を総理に伝えた。

13日12時に自民党緊急役員会を開催し、橋本首相が辞意表明した。ここに、９３３日にわたる橋本政権は終わりを告げた。

第4章

「加藤の乱」の真相

——小渕恵三、森喜朗内閣

派閥立ち上げへ

1998年7月30日、小渕恵三新内閣が成立した。

直ちに組閣が行われたが、私の新グループからは関谷勝嗣を建設大臣に、甘利明を労働大臣に入閣させた。また、政務次官には、田野瀬良太郎（自治）、森田健作（文部）、林幹雄（運輸）、佐藤剛男《たつお》（郵政）、稲葉大和（科学技術）の5人が就任した。

その後、小渕第二次改造内閣では、深谷隆司が通産大臣として入閣し、大野功統《よしのり》が大蔵政務次官に就任した。小渕内閣で、わが派閥からは、3人の大臣と6人の政務次官を送り込んだことになった。

8月26日19時、「金龍」にて氏家齊一郎氏、坪井栄孝氏、村上正邦との会合が設けられた。この後、10月14日19時にも、氏家氏、村上と会っている。中曽根康弘の腹心である村上は、私の強力な後援者である氏家・坪井両氏に頼んで、目前に迫っている私の派閥立ち上げをどうにかしてやめさせようと必死だった。

9月27日からの2日間、千葉県木更津市のホテルオークラにて、近未来政治研究会（近未来研）の研修会を行った。この時、私は正式に旗揚げを決心した。

30人以上が集まったが、中でも鮮明に記憶に残っているのは、懇親のソフトボールの試合中に起きたアクシデントだ。「ブチッ！」と何かが切れた大きな音がすると、一人の男がグラウンドの上でひっくり返っている。武部勤がアキレス腱を切ってしまったのだ。そのまま担架で運ばれ、救急車に乗せられて千代田区富士見の東京逓信病院に運ばれた。荒仕事には最も頼りになる男なので、困ったことになった。

10月6日、九段の「ふく源」にてYKKと自民党税調のドン、山中貞則先生との会合を持った。私の旗揚げについては理解を示された。

翌日には、創価学会第5代会長の秋谷《あきや》栄之助氏に会っている。秋谷氏は、

「竹入義勝の背信は許せない。朝日新聞に嘘偽りの懐旧談を出した」

と、怒り心頭に発した面持ちで言った。公明党の委員長だった竹入は、日中国交正常化に際しての自らの功績を『秘話　55年体制のはざまで』と題し、12回にわたって朝日新聞紙上に連載（1998年8月26日～9月18日）したのだ。この連載で、竹入は公明党と創価学会との関係を批判的に記述していた。秋谷氏の話が続く。

「名誉会長は過去にこだわらず、将来のことを考えている。保守中道の立場であり、国家のためなら協力する。また、日米防衛協力のガイドラインについても協力するが、もっと国民への説明が必要だ。湾岸危機の際は、米兵の中に約800人ものSGI（創価学会インタナショナル）メンバーがいたので、会員が納得した」

と語った。この時期、ガイドラインの取り扱いは最大の政治課題だった。防衛幹部会と称し、

防衛大臣経験者が中心となった検討会が連日のように開かれていた。座長は私だった。秋谷氏は最後に、

「自民党は庶民大衆の心を知らないと没落するよ」

と警告を発した。

28日10時、青木幹雄、加藤と3人での話し合いが行われた。私が派閥立ち上げについて相談すると、青木は、

「近未来研は、参議院議員についてはせいぜい3〜4人入れて出発するのがいいんじゃないか」

と言う。その程度にとどめておけ、ということである。さらに、自自公連立政権については、

「公明党と非常にうまくいっているが、自由党とは話したことがない。党首の小沢（一郎）と話す気にもならない。当面の臨時国会の目標は、12月14日までに補正を上げることで十分だ」

続いて次期総裁選について、

「小渕の任期はとりあえず来年（１９９９年）の9月までだが、続投意欲はあるが体調は十分でない。ところが、野中はそれを人に言うなと言う」

と言った。すかさず加藤が口を挟《はさ》む。

「次の総裁選には、自分と山崎さんと森さんが立つことになるだろう。小渕さんも再び立たれれば、本命だ」

これに青木は反発して、

「アンタは1位になるかもしれないが、過半数は獲れないよ」

と丁々発止《ちょうちょうはっし》のやり合いとなった。

「参議院の天皇」と呼ばれている青木は、実に手強い存在だ。竹下登元首相が病床に就《つ》いて以降、経世会の象徴とされる紀尾井町TBRビルの事務所で、竹下の椅子に青木が座るようになった、といわれていた。

この会合を受け、案の定というべきか、11月5日8時30分、私と加藤が小渕首相から公邸に呼び出された。加藤の言葉が青木から小渕首相に伝わり、

「総裁選に出るのか。どういうことだ」

と、きつく問い詰められた。

竹下、小渕、青木は一心同体。筒抜けは当然であるにもかかわらず、その一人の青木に向かって「総裁選に出る」と早々宣言する加藤がどうかしていたのだ。もともと加藤は、正直すぎるところがあり、政治家向きでない一面がある。彼のような善人と付き合っていると、自分がさも策士かのように思えてしまうことも一度や二度ではなかった。

17日21時からはMYKK会合。Mとは、森喜朗の頭文字だ。森からは「YKKは今回立たずに、ポスト小渕で行け」と説得された。

23日は、明治記念館の懐石料亭「花がすみ」にて、野中広務、深谷隆司と会食。野中と深谷は非常に仲が良かった。この席で、のちの深谷入閣に繋《つな》がる布石を打つことができたと思う。

派閥立ち上げまでに、毎日、目まぐるしい忙しさだった。

24日21時30分に再びＭＹＫＫ会合を赤坂の「アークヒルズクラブ」で行った。森から同じ話があったが、加藤は反撥《はんぱつ》した。

そして30日、東京プリンスホテルのマグノリアホールにて、派閥メンバー37人が集まり、出版記念会を行った。

12月８日21時、「金龍」にて氏家齊一郎氏、村上正邦と会う。とにかく村上が派閥立ち上げを「やめろやめろ」としつこかった。この時、政策科学研究所（旧渡辺派）は渡辺美智雄亡き後、集団指導体制となっていた。村上は、

「若手を説得して全員政科研に戻り、おまえが派閥の事務総長になれ」

としつこく食い下がってきた。しかし、もはや覆水盆《ふくすいぼん》に返《かえ》らずだ。

14日12時、全日空ホテル36階「シリウス」にて、「近未来政治研究会（近未来研）」発足式――。対外的な派閥立ち上げのお披露目となった。

19日、小渕首相と小沢一郎が会談を持った。小沢が公明切りを強要したとのこと。これがのちに、ストレスに弱い小渕首相が倒れる最初のきっかけになったといわれている。

24日18時、小渕首相とＹＫＫは、改めてホテルオークラ「山里」で話し合いの場を持った。予算の閣議決定後だから、もうこの年の政治日程は一段落ついている。つまりはここでも、小渕首相は、

「総裁選に出るつもりはないよな」

と釘を刺してきたわけだが、加藤は頑固だった。

「われわれが立ったほうが党の活性化に繋がる」

と言い返した。翌年からの小渕首相によるわれわれ2人に対する冷遇ぶりは、すでにこの時に始まっていたのかもしれない。

25日は、近未来研の神事と開設式。26日は地元・福岡のホテルニューオータニにて、近未来研の披露パーティ。29日、氏家齊一郎氏立ち会いの下、ホテル西洋銀座1233号室で公明党の神崎武法代表と会った。例年なら福岡に帰省している時期だ。この頃は、私の政治家人生でもかなり緊迫度の高い時期だった。

YKの総裁選出馬準備

1999年元旦、妻・芙美子と上京。11時、皇居にて開かれた新年祝賀の儀に出席した。

1月6日10時35分、自見庄三郎・中谷元両代議士ほかと成田空港発ANA905便で中国に向かう。13時35分、北京着。15時、釣魚台で戴秉国《たいへいこく》中国共産党中央対外連絡部長と会談。日米防衛協力のための指針、ガイドライン関連法案（関連事態法案）について強い関心を示したので、地理的概念はない、と説明した。これに関連して戴氏は、もし台湾海峡事態が周辺事態の対象になっているとすれば、それは中国の核心的利益の問題であると強調した。

7日9時、遅浩田国防部長と会談。12時10分、唐樹備国務院台湾弁公室副主任と会談。唐氏は

中台平和統一を目指すことを力説。15時、中南海にて朱鎔基首相と会談。同氏が上海市長時代に、渡辺美智雄元外務大臣とともに会ったことがある。このときは江沢民国家主席を支える能吏《のうり》タイプの首相という印象だが、上海市の中国式社会主義市場経済のモデルとしての発展ぶりを讃えると、得意気だった。そのまま上海に向かう。

9日9時30分、在上海の汪道涵《おうどうかん》海峡両岸関係協会会長と会談。中台平和統一は近いうちに実現することを確信している、と言った。同日14時10分、JL792便で帰国。17時45分、成田着。

12日11時30分、近未来政治研究会の事務所にキャンベル国防次官補代理、ボドナー国防副次官、デミング前米国首席公使が訪れた。明後日にコーエン国防長官が訪日するので事前の打ち合わせを、とのことだった。

14日9時45分から約1時間、自民党総裁応接室でコーエン国防長官と会談した。コーエン国防長官は北朝鮮の核開発の状況を説明したうえで、日米防衛協力のガイドライン立法（周辺事態法）は朝鮮半島問題が対象であり、あくまでも米軍が日本の安全のために迅速かつ断固たる行動が取れるように行うものであることを力説した。台湾海峡有事は対象外という意味か。

さらに、対北朝鮮対策は次の4つの「D」で対処するとした。

一、DEFENSE（防衛）

二、DETERRENCE（抑止力）

三、DETERMINATION（意思決定）
四、DIALOGUE（対話）

このように述べ、KEDO（朝鮮半島エネルギー開発機構）の枠組み合意については、北朝鮮が核開発関連施設の査察を認めれば実施に移す、と語気を強めた。

14日、小渕第一次改造内閣が発足した。自由民主党と自由党の連立政権である。自由党からは野田毅代議士が自治大臣・国家公安委員会委員長として入閣した。外務大臣に高村正彦、内閣官房長官に野中広務が就き、近未来政治研究会からは、関谷勝嗣が建設大臣・国土庁長官に、甘利明が労働大臣に入閣した。加藤紘一系は川崎二郎が運輸大臣兼北海道開発庁長官、太田誠一が総務庁長官にそれぞれ入閣した。

19日、第145回通常国会が召集された。この日行われた小渕首相の施政方針演説で、「わが国の安全保障を考える時に、日米関係をこれまで以上に強固なものとしていかなければならない。このためには、新しい日米防衛協力のための指針関連法案等の早期成立・承認がきわめて重要である」と述べた。

2月2日12時、キャピトル東急ホテル「星ヶ岡」で民主党の岡田克也、前原誠司と昼食をともにした。やがて始まるガイドライン関連法案の審議に備えて、特別委員会委員長就任予定者の立場で、野党側からの理事就任予定者である前原に対する事前根回しのためだった。

12日11時、近未来政治研究会事務所にキャンベル国防次官補代理とデミング前米国公使が訪れた。彼らは、北朝鮮情勢に鑑み、ガイドライン立法の早期成立の必要性を改めて訴えた。本当にくどいと思った。

16日13時、衆議院本会議。日米防衛協力のための指針に関する特別委員会（ガイドライン特別委員会）の設置が決議され、散会後直ちに特別委員会が開かれ、委員長に選出された。

23日12時、院内別館会議室で、ガイドライン特別委員会の初の理事懇親会が開かれた。

本件については、野党側の岡田・前原との折衝が重要であったが、水面下で重要な役割を果たしたのが、加藤紘一だった。岡田・前原とも理論派で、加藤の相手としてふさわしいと思った。審議が始まると、予測していた通り、自民の加藤と民主の岡田・前原コンビとは呼吸がぴったり合っていた。

25日8時、ホテルオークラ「山里」で、米国クレーマー国防次官補と朝食。ガイドライン立法の審議と成立の見通しについて聞かれた。同席した加藤が、民主党も同調してくれることを期待している、と言った。

14時30分、ホテルニューオータニ本館12階1258号室で、カンボジアのフン・セン首相と会った。旧知の間柄であるが、元軍人のイメージが消えて、切れ者政治家へイメチェンした感じだった。

3月3日16時、ホテルオークラで米国フォーリー大使と会談。ガイドライン法案の成立に本国政府が強い関心を有しているとの話だった。委せてほしい、と答えた。

11日19時、紀尾井町「福田家」に小渕首相からＹＫＫが招かれた。翌日から始まるガイドライン関連法案審議についての激励名目だったが、安定した政権運営への協力要請が本音と思われた。

12日12時からの衆議院本会議で、ガイドライン関連三法案（ＡＣＳＡ改正協定、周辺事態法案および自衛隊法一部改正）の趣旨説明聴取と質疑が行われた。

18日9時、衆議院ガイドライン特別委員会において、提案理由の説明聴取および総括質疑が行われた。

25日、全国統一地方選挙都道府県知事選挙の告示日であり、ガイドライン特別委員会を開かないことにした。私も福岡に帰り、10時に麻生渡福岡県知事候補の出陣式に出席。

26日9時よりガイドライン特別委員会で集中審議。統一地方選挙の最中も一気に審議を進めることにした。


4月2日、統一地方選挙第二幕の県議選および政令都市市議選の告示日。福岡に帰り、県議4人、市議5人の選挙事務所を回る。

3日、県議1人、市議3人の個人演説会に出席。

4日、県議2人、市議4人の個人演説会に出席。

7～8日はガイドライン特別委員会で参考人8人から意見聴取、質疑。

11日、都道府県知事・県議・政令都市市議選投票日。私が応援演説をした候補者は、全員当選した。

同日22時、赤坂プリンスホテル1110号室でYKK会合。自民党総裁選挙対策について協議。加藤より総裁選挙繰り上げ論にどう対抗するかという問題提起があったが、結論として、総裁選挙を必ず実施させること、そしていかなる事態になろうとも、われわれ3人のうち2人は必ず立候補することを申し合わせた。小泉は、今回はたぶん見送るとのこと。

18日、統一地方選挙第二幕の市町村の首長・議員の選挙の告示日。11時、井上澄和《すみかず》春日市長候補の出陣式に出席した。

19日11時、首相官邸で小渕首相に当選御礼挨拶に伺う麻生渡福岡県知事に同行。12時、ガイドライン特別委員会理事会を開催。ゴールデンウィーク前の衆議院通過を申し合わせた。加藤筆頭理事の手腕だ。

25日、統一地方選挙第二幕の投票日。今度も自民党は大勝した。

同日19時、全日空ホテル36階「ジュピターの間」でガイドライン特別委員会自・公・民理事の最終協議を行った。

26日、締めくくり総括質疑をやり、翌27日、本会議採決、参議院送付の日程を確認した。

5月1日10時55分、成田発JL725便でジャカルタに向かう。16時5分着。夜はギナンジャール経済財政調整大臣の招宴あり。ギナンジャール氏はインドネシア日本友好協会の会長も務めており、日イ関係の最も有力なパイプ役である。

2日、ハビビ大統領と会談。相変わらず立て板に水の話しぶりで、インドネシア経済開発の将来を弁じた。

3日、マレーシアのクアラルンプールに移動。14時30分、マハティール首相と同氏の私邸で会う。〝ルックイースト〟の提唱で有名なマレーシアの政治指導者との会談には緊張を覚えたが、日米関係も重要だが、日中関係の健全な発展にも努力してほしいと強調された。

4日、ベトナムのハノイに移動。16時30分、ファン・ヴァン・カイ首相と会談。日本からのベトナム高速道路や高速鉄道等の国家的インフラ整備への投資を要請された。

6日、バンコク経由で16時30分、成田空港着JL708便で帰国。

10日19時、高村正彦外務大臣・野呂田芳成《のろたほうせい》防衛庁長官の招宴（於飯倉公館）に衆議院ガイドライン特別委員会のメンバーが出席したが、単なる慰労会だった。この日、参議院ガイドライン特別委員会において総括質疑が行われた。

加藤の勇み足

5月13日19時、「金龍」に森幹事長よりYKKが招かれる。再三にわたる総裁選挙についてのYK不出馬への説得工作だった。

加藤が「総裁選挙をやったほうがいい。やれば民主党の党首選挙が目立たなくなる。菅直人の人気も霞《かす》む」と主張した。森幹事長は、

「小渕は韓国の大統領制がうらやましいと言っている。5年、ゆっくり腰を据えてやれる」

加藤は追い打ちをかけて、

「総裁選挙に勝って5年やればいいじゃないですか」

と言ってきかない。森幹事長はそれに対し、

「小渕は天邪鬼《あまのじゃく》だから、支持率が高いうちに辞めるかもしれない。奥さんがいつでも辞めろと言っているらしい。奥さんとしては、主人は心臓が弱いので、万一のことがあってはならない、と考えているんじゃないか。小渕の立場も斟酌《しんしゃく》してやれよ」

と説諭した。

24日10時、のちに米国のブッシュ大統領補佐官になるローレンス・リンゼーが事務所を訪れた。連邦準備制度理事会の理事を務め、米国の経済政策に精通していた。米国経済よりも日本経済のほうが心配だ、と言った。15時には、シンガポールのリー・シェンロン副首相が来た。彼はリー・クアンユーの息子であり、やがて首相になる人物だった。病弱そうだが、非常に頭がいい男だ。

私の東南アジア諸国要人との交流が多岐にわたるのは、インドネシアとベトナムの議員連盟の会長を務めたことと、私の家系、つまり玄洋社の血脈にあることが大きい。私の祖父・山崎和三郎は玄洋社の幹部だった。玄洋社は大アジア主義を謳《うた》い、盟主・頭山満《とうやまみつる》は孫文とも気脈を通じていた。東南アジア諸国連合、通称「ASEAN10」(加盟10ヵ国)の人口もGDPの合計も、

中国の足下に遠く及ばないし、中国は世界第2位の経済大国になった。中国とともにアジアの一員であることを重視するのは、日中外交の基本である。

この24日、参議院ガイドライン特別委員会において締めくくり総括質疑が行われ、同日夕刻の本会議において討論の後、ACSA改正協定は承認することに決し、周辺事態法案および自衛隊法改正案の両案は可決、成立した。日米同盟はますます強固になる。

26日12時30分、「政商」とも「政界最後のフィクサー」ともいわれた福本邦雄氏のアレンジで、赤坂のうなぎ料理屋「重箱」にて青木幹雄と会食。青木は非常に慎重な言い回しで、加藤・山崎の総裁選出馬を、ポスト小渕の総裁選に先送りするように忠告してきた。

「政治の大きな潮流に逆らうといけない。潮目を見ることが大事だ」

とも諭された。

そのことを加藤にも報告したのだが、もはや聞く耳を持たない風情だった。やむなく私も加藤に呼応すべく、出馬の準備を急ピッチで進めることにした。

まず、政策面で山崎ビジョンを世に問う必要があり、政策提言をまとめるための勉強会を始めた。毎週水曜日朝8時に開く「TT会」と称する勉強会には、永田町、霞が関、丸の内界隈《かいわい》で仕事をしている若手俊秀に集まってもらった。その中には近未来政治研究会の若手政治家のほかに、通産省の舩津貞二郎氏、小川洋氏、大蔵省の谷口博文氏、建設省の小澤敬市氏、防衛庁の渡部厚氏、読売新聞の小田尚氏、西日本新聞の土山昭則氏、NHKの小池英夫氏らがいた。

6月8日21時20分、帝国ホテル816号室で加藤紘一、亀井善之と会った。総裁選出馬の打ち合わせだった。同じKだが、小泉でなく亀井善之が出席した。小泉は、今回の総裁選は高みの見物を決め込むようだ。

10日10時、森喜朗幹事長から党本部幹事長室に呼ばれた。森はあきらめが悪い。曰く、「YKの総裁選出馬は自重したほうが良い。いずれ君たちの出番が来る」

またもその話だった。返事もせずに退席。

11日8時半、米国ラフルアー公使邸でキャンベル国防次官補代理を囲む朝食会。自民党国防族中谷元、赤城徳彦、浜田靖一の3人を伴って出席。キャンベル氏からガイドライン関連法の成立の御礼の言葉があり、その後、北朝鮮対応で意見の交換をしたが、私からあくまでも日・米・韓・中・露で北朝鮮包囲網を敷き、アメとムチの両方を駆使《くし》して核開発を断念させるべきだと主張した。

23日20時30分、赤坂の料亭「佳境亭」で久しぶりにYKK会合があった。加藤は能弁だったが、小泉は終始寡黙だった。しかし、YKの総裁選出馬については是認論を述べてくれた。小泉は過去すでに2回も立候補しているので当然だ、と思った。

29日13時50分、衆議院第15控室で森喜朗幹事長と会う。またしても総裁選出馬の自重を求められた。これで五度目だ。もはや流れはできてしまっている。

30日17時、全日空ホテル3階「花梨」で大阪三師会（医師会、歯科医師会、薬剤師会）の代表と会う。木村義雄代議士のお世話だが、総裁選は私を推してくれるということだ。心強い支持グループができた。

7月6日18時30分、築地「河庄双園」で拓栄会（三菱系企業による後援会）による激励会があった。会長は後藤英輔氏だが、この方だけが官僚出身だ。私の父・進の旧制一高の後輩ということで応援してくれている。

15日、『2010年日本実現』（ダイヤモンド社）という本を出版した。新しい国家像を目指そうと呼び掛け、キーワードは「品格ある国家」「活力ある経済」「安心できる社会」の3つに集約した。

なぜ2010年を目標年次にしたかというと、「今、私は62歳だが、2010年には73歳になる。国政第一線における政治生命はそれまでだ」と考えて、2010年にきちんとした目標（科学技術創造立国等）を置き、その目標達成のために頑張ろうということだった。

21日17時、東京プリンスホテルで近未来政治研究会政策提言セミナーを開催。『2010年日本実現』を配り、総裁選向けの政策提言を行った。

28日9時、米国大使公邸で来日中のコーエン国防長官と会った。5月28日にガイドライン立法（周辺事態法）が成立した御礼と施行令の整備の促進依頼があった。ついでに総裁選出馬の意思を確認された。私が「決意している」とだけ答えたら、大いに激励された。

30日、総裁選の日程が正式に決まった。9月9日告示、9月21日投票とのことだ。

8月11日19時、「津やま」でYKKの会合があった。小泉は総裁選に関しては依然として高みの見物を決め込んでいる風情だった。

17〜19日の間、近未来政治研究会の同志を連れて訪韓した。金大中《キムデジュン》大統領が、北朝鮮の核武装を阻止するため、対北外交では圧力よりも対話路線を進めていることに共感し、対北協議の枠組みをそれまでの米・中・韓・北の四ヵ国協議から、日・露を加えた六ヵ国協議とすべきことを提唱して回った。

18日10時、青瓦台《せいがだい》で金大中大統領と会談した。金大中大統領は1972年7月の大統領選挙で僅差敗北、以後二度も死刑の判決を受けるという政治的試練に屈せず、ついに大統領の地位に昇りつめた。今日に至るまでの苦難の歴史に思いを致し、同氏の鉄の意志力に心から敬意を表した。金大中大統領からは、南北平和統一への強い意欲の表明と未来志向の日朝関係を築こうとの発言があり、同氏の変わらぬ政治的情熱に改めて敬服した。同日、金鍾泌国務院総理や鄭東泳《チョンドンヨン》氏（のち統一部長官）とも会談した。

19日、帰国するや否や、20時、近未来政治研究会選対本部会合を開いた。いよいよ翌月9日の総裁選告示に先立ち、選挙体制に入った。

23日6時、広島全日空ホテルで『2010年日本実現』の出版記念パーティを開いた。中国地方には近未来研の同志がいないので、集まりは150人程度であったが、私にしてみれば期待以上だった。

翌24日、四国にわたり、高松市の香川県県民ホールで近未来研究会四国大会と称する演説会が開催された。木村義雄・大野功統・月原茂皓《しげあき》・山内俊夫各国会議員が応援演説をしてくれた。すぐに航空機と新幹線を乗り継ぎ仙台へ向かった。

21時15分から料亭「八百粂《やおくめ》」で東北電力の八島俊章社長・幕田圭一副社長ほかと会食した。翌朝の8時半からホテルメトロポリタン仙台の会議室で仙台経済界有志との会食があった。福島県選出の佐藤剛男代議士が同席してくれた。

26日、近未来政治研究会総会で、同志の皆さんに、状況報告とさらなる支援依頼を行った。夜は18時半から赤坂の料亭「茄子」で拓翔会（会長・那須翔元東京電力会長）があり、東京ガスの安西邦夫会長、NTTの和田紀夫副社長ほか財界の錚々たるメンバーから激励を受け、嬉しかった。

28日17時、ホテルニューオータニ佐賀で佐賀拓政会（会長・長沼富士男氏）の主催で私の講演会があった。佐賀県は母方の祖父・山口慶八の墳墓の地であり、その関係者を含めて500人程集まっていただいた。故山口慶八は、肥筑炭田と総称される佐賀県下のすべての炭鉱（小城炭鉱・多久炭鉱・杵島炭鉱・唐津炭鉱等）を開発した男である。

9月1日8時、TT会、10時、山崎拓選対本部役員会、11時半、近未来政治研究会所属国会議員夫人の会（於東京會舘）、14時、近未来研選対本部会議と続き、本格的に選挙体制に入った。

7日には、武部勤代議士の地元北見市で「武部勤ふれあいフォーラム」と題する演説会にも出席した。

9日、いよいよ総裁選挙が告示された。11時半に出陣式、14時、総裁選候補者記者会見と続き、さすがに緊張した。

10日14時、自民党本部8階大ホールにて総裁選候補者所見発表会があり、「今や日本は理想とすべき国家像を他国に求めることはできない。日本は、自ら世界の諸国家から『坂の上の雲』と仰がれる立場を志向すべきだ」と演説した。身内の若手代議士から、「迫力があって良かった」と言われてホッとした。16時、新宿駅西口で街頭演説会があったが、小渕恵三候補陣営の動員力に圧倒された。加藤紘一候補および私の陣営の動員力はまあまあだった。

15日15時、大阪・難波の髙島屋前でも、三候補合同の街頭演説があった。私の動員は大阪拓師会が主力だったが、その顔ぶれを見て、小渕候補は「俺の応援団かと思った」と驚いていた。

17日13時、日本記者クラブの公開討論会があり、一部テレビが生放送で放映した。各候補者の視聴者に与えた印象として、「人柄の小渕、知性の加藤、情熱の山崎」と評する向きもあった。

19日は、7時30分フジテレビの『報道２００１』、9時ＮＨＫの『日曜討論』、10時テレビ朝日の『サンデープロジェクト』と、日曜日の政治番組三連チャンを梯子《はしご》出演した。このような総裁選の電波による公開は、加藤の言う通り、自民党の人気を高めることに繋がるのは必定と思われた。

21日16時、自民党本部で国会議員投票が行われ、同時に党員票の開票結果も発表があった。開票の結果は次の通りだった。

小渕恵三　350票
加藤紘一　113票
山崎　拓　51票

加藤票・山崎票合わせても小渕票の半分にも満たなかった。結局、総裁選挙も派閥の合従連衡《がっしょうれんこう》であり、第一派閥の経世会と第二派閥の清和会が組めば、第三派閥の宏池会と第四派閥の近未来研など、鎧袖一触《がいしゅういっしょく》の感だった。

小渕首相の冷遇

すでに小渕首相による加藤、山崎に対する冷遇は始まっていた。

9月27日15時30分、小渕首相と官邸で会った。組閣についての意見を聞かれた。第一希望として同期の保岡興治の入閣をお願いしたが、それはできない、とにべもなかった。理由は、

「彼の結婚の仲人は自分であり、お互いに深い信頼関係があると信じていたのに、一言の相談もなく離党した。復党にあたり陰ながら心配していたのに、ちゃんとした挨拶がなかった。あまつさえ経世会に戻らず、近未来研に入った。彼が優秀な政治家であることはわかっているが、僕には義理を欠いている。君が総理になった時に官房長官にでもなってもらったら良い」

と言われた。結局、保岡とも同期である深谷隆司が通産大臣に入閣した。彼と仲の良い野中広務の強い推挽《すいばん》もあったようだ。

10月6日14時、東京ビッグサイトで日本メガネベストドレッサー賞の授賞式があった。私がなぜメガネドレッサーに選ばれたのか、さっぱりわからなかった。これも、総裁選出馬の余禄かもしれない。ほかの主な受賞者は、俳優の佐野史郎さん、モデルの梅宮アンナさんだった。

10〜13日、インドネシアのジャカルタを訪問した。日本・インドネシア友好議員連盟の会長としての訪イであり、ハビビ大統領退任を受けて行われる大統領選の出馬予定者全員と会い、新政権とのパイプを事前に築いておくためだった。ワヒドNU（同国最大のイスラム団体、ナフダトゥル・ウラマ）議長、ウイラント前国軍司令官、メガワティ闘争民主党党首、ギナンジャール前経済財政調整大臣らと会ったが、全員日イ関係の進展、とりわけ経済協力の深化を望んでいることを強調した。

11月15日、当選したワヒド新大統領が訪日されたので、16時30分～50分、帝国ホテル16階の貴賓室に議連会長として表敬訪問した。

翌16日11時30分、首相官邸でワヒド大統領歓迎昼食会が開かれ、出席した。私は、盲目であるワヒド大統領がいかにしてインドネシアという大国の執政を行っていくのか、強い関心を抱いた。

25日18時30分、在東京インドネシア大使館において、ワヒド大統領から私に対するマハプトラ勲章ウタマ章の授与式があった。この勲章は、日本・インドネシア友好議員連盟の会長として、長年にわたり日イの交流の促進をしたことの功績を讃えて、とのことだった。

12月6日18時30分、「金龍」にて福本邦雄氏の仲介で青木幹雄官房長官と懇談した。青木は、年内に小渕首相と加藤・山崎が会い、「総裁選のしこりを解くべきだ」と言われた。越年はだめだとも言われたので、12月23日夜、赤坂の料理屋で実現した。総裁選直後にそれぞれ個別に会って以来、約3ヵ月ぶりの会談だったが、自・自・公連立と公共投資依存の経済運営のあり方についてわれわれが批判したため、結局和解は不首尾に終わった。小渕首相は会談後記者団に、

「あつれきもないから修復もない」

と語ったと聞いた。

翌朝の新聞の見出しは、「加藤・山崎氏との溝埋まらず」となった。

首相の死と五人組

２０００年の年が明けた。

１月20日11時、宏池会の新事務所開きがあった。加藤紘一会長が少し前のめりになっている。14時、小渕首相に官邸に呼ばれ、自・自・公連立について理解と協力を求められた。もう一つは保岡の入閣問題についてだ。

「青木さんや福本さんから話は聞いているので、次の機会に最優先で考えるから」

との話だった。気配りの細やかさに感服したが、加藤・山崎の分断を考えている節もあった。

24日８時、ホテルオークラ「山里」で山口信夫旭化成工業会長（のち日本商工会議所会頭）、河野俊二東京海上火災保険会長、諸井虔太平洋セメント相談役、古川昌彦三菱化学相談役の四氏との朝食会。いずれも私の東京後援会の会長的立場の方々であり、「四天王会」と呼ぶことにした。みなさんから「総裁選に敗れた以上、加藤さんとともに小渕政権の支え役に回ったほうがいい」とのアドバイスをいただいた。

第１４７回通常国会がスタートして10日が過ぎた31日19時、「金田中」にてＭＹＫＫ会合。Ｍは森ではなく、村岡兼造幹事長代理。同期だが、経世会であり、小渕首相の側近でもある村岡がＹＫＫを招宴した。この席で、村岡から自・自・公連立に対する支持を求められた。加藤も小泉も、

「小沢一郎を自民党に復党させるようなことは絶対だめだ」

と主張した。

村岡は「絶対にそれはない」と答えた。おそらく村岡は青木に言われて、小渕首相の代わりとしてYKKの窓口になっているのだろう。

2月15日は、私が舵《かじ》を取る柔道の会。国会議員は吉村剛太郎・原田義昭と私。官界からは建設省事務次官の佐藤信秋（のち参議院議員）、経済界は新日本製鐵の秘書部長の宗岡正二氏、大成建設の副社長葉山莞《かん》児《じ》氏らとホテルニューオータニの「山茶花荘」で行った。この会は定期的に開催され、財界の要人とのパイプを作ることに大いに役立った。

16日10時、キャンベル国防次官補代理が近未来政治研究会の事務所に来訪。すでにガイドライン立法の件は済んでいたが、私は自他ともに認める国防族のドン。キャンベルとは、彼が来日するたびに会っていた。彼は元ラガーマンで精悍《せいかん》そのもの。好戦的なオーラの持ち主だ。

21日18時30分、自由党の二階俊博運輸大臣と料亭「中置」で会食した。自・自・公連立政権下で、自由党を代表して入閣している人物であり、端倪すべからざる政治力の持ち主であると感じた。

25日11時半からは、大手町「クラブ関東」で氏家齊一郎氏と2人で昼食。

28日18時半からまた村岡と会う。この日の会は、六本木にあった「茶寮あら井」に設営されていた。派閥の関谷勝嗣も同席した。

3月9日、明治記念館の「花がすみ」で、NHKの海老沢勝二会長と会食。諸星衛政治部長が同席した。諸星政治部長は、自・自・公政権はガラス細工だと言った。

15日18時半に「金龍」で氏家齊一郎氏、村上正邦と3人で会食。氏家・村上両氏はともに政略家だ。諸星氏らと同じ読みだった。

事実、この直後、自由党が真っ二つになって自由党と保守党に分かれた。

16日、築地にて小沢一郎と二階俊博のコンビと、亀井善之と私のコンビとで向き合って会食することになった。二階と亀井が、「小沢・山崎会談」をセッティングしたのだ。後に膵臓がんで亡くなる亀井は、この時すでに腎臓を痛めていた。二階はもともと飲まない。小沢も心臓が悪いから飲まないのかと思いきや、なんと一升酒だった。小沢と私で一升以上。

小沢に対し、私が、

「亀井善之は私の片腕だ。アンタのいちばん信頼する人間は誰だ」

と聞いた。小沢は、

「もちろん二階だ。コレ（二階）が俺を裏切った時は、政治家を辞める」

と言ったのだが、それからわずか2週間での分裂である。4月3日になって、二階は扇千景《おおぎちかげ》を担いで保守党を作り、野田毅が幹事長となった（二階は7月に自ら国対委員長に就く）。ところが、自由党の全資金（政党助成金の残金等）を小沢が手放さなかったので、彼らは一文無しで保守党を作ることになる。

3月末に表面化した自由党の分裂と小沢グループの政権離脱は、心臓の悪かった小渕首相にとっては相当な心労になった。小沢が政権安定を望む小渕首相の心情を激しく揺さぶったのは間違いない。

21日は、氏家齊一郎氏が使っているホテル西洋銀座1234号室に青木、村上、加藤と私が集まった。22日には、「外松」で亀井静香、加藤、私の3人。いずれも、自民党小沢一郎派の政権離脱対策を話し合うためだった。

4月2日午前1時、小渕首相が倒れた。

2日昼、ホテルニューオータニにて青木、村上、森、野中、亀井の5人が集い、いわゆる「密室協議」が行われていた。加藤と私は知る由もなかった。翌3日にも5人が集まり、村上が森に対し、「アンタがやればいいじゃないか」と言ったとされている。

3日18時半、福本、藤井孝男、青木と銀座の「松山」で会う。私以外は全員経世会、小渕首相の取り巻きだ。官房長官を務めていた青木が中心になって、私と加藤を密室協議から外したことに対する事後収拾である。

これまでの自民党の考え方としては、派閥の領袖である加藤と私を呼ばないということはありえなかった。「加藤、山崎外し」は、いまだ誰の発案かわからないままだ。この一件は、私よりも次期総理候補と目されていた加藤にとって痛手だった。「小渕の後は加藤」という流れは、一気に断ち切られてしまった。加藤にとって政治家人生の大きな岐路《きろ》となった。

五人組は、病床に伏した小渕首相の生前の意向を汲《く》んだことにしたのだろう。1999年9月の総裁選で、小渕から「立たないでくれ」と言われた加藤は、「あなたがそんなこと言ったらダメだ。堂々と総裁選挙をやって、勝って政治基盤を固めたほうが良い」と言い返したことがあったからだ。

4日、青木が小渕内閣の総辞職を発表。翌5日、森喜朗新内閣が誕生した。

その日の18時半、私の後援会会長が集まる「四天王会」に参加した。山口信夫、河野俊二、諸井虔、古川昌彦の四氏だ。場所は、ホテルニューオータニ地下にある「藍亭」だった。翌5日は、「金龍」で小泉、中川秀直、森、玉澤徳一郎という清和会メンバーと会合。経世会も清和会も、加藤と私の分断を図ろうと躍起《やっき》になっていた。

6月2日、森首相は衆議院解散を断行した。森首相の発言から、「神の国解散」といわれた。6月25日の総選挙の結果、自民党は38議席も減らし単独過半数を割り、惨敗した。

8月9日になって、YKKに亀井善之を加えた4人で「金龍」にて会合。今後の政権運営について話し合った。その際の加藤の森首相責任論は強烈だった。

15日にベトナム・ハノイに入り、翌日にニエン外相、グエン・タン・ズン副首相、ノン・ドゥック・マイン国会議長、チャン・ヴァン・ファック越日友好議員連盟会長らと会談をして17日に帰国。これは、日本・ベトナム友好議員連盟会長としての行動だ。ベトナムは国会議長と首相と党書記長の3人でトロイカ政治を行っており、ズン氏もマイン氏もその後の首相や党書記長になった。

28日は、氏家齊一郎氏、村上正邦と「金龍」にて会合。不安定な森内閣の水面下で、さまざまな動きが始まった。ご両人とも、YKKが支えない限りこの政権は長く持たない、という見立てだった。

甘すぎた加藤の倒閣計画

東京高校・東京大学・読売新聞社を通じての盟友である渡邉恒雄読売新聞社社長兼主筆と氏家齊一郎氏は一心同体。私は、失礼ながら日頃から愛称で「ナベツネさん」と呼ばせてもらっている。ナベツネさんは森首相と繋がりが深く、2人とも森内閣を支える立場を取っていた。氏家さんと私も、中曽根元首相の紹介があって以来、この時点で15年の長いお付き合いになっていた。

9月27日、赤坂「金龍」にてYKK+村岡兼造の会合。相変わらず、財政健全化に意欲を示さない森政権に対する加藤の批判は厳しかった。それを森派の代貸しとして小泉が庇《かば》う。ちなみに、私も小泉も財政健全化派のはずだった。

この席で村岡が、

「旧小渕派の平成研究会幹部とYKKの会合を持とう」

と提案。さっそく翌日、九段「ふく源」にて会食が開かれた。しかし、平成研は村岡、津島雄二、額賀福志郎のみ。肝心の橋本龍太郎、野中広務、青木幹雄といった超弩級《どきゅう》は来なかった。党内の亀裂はさらに拡がるばかりだった。

その翌日は、ホテル西洋銀座1112号室で氏家齊一郎氏、青木との会食。2人ともすでに、加藤が民主党の鳩山由紀夫、菅直人、仙谷由人、枝野幸男、そして自由党の小沢一郎らと意思の疎通があることに気づいていた。2人からは、

「大連立政権構想には与《くみ》しないでくれ」

と念を押された格好だ。

10月後半になり、中川秀直官房長官の私行に係る週刊誌報道が政治問題化し、27日、中川はついに辞任の已《や》むなきに至った。その際、私に小泉から電話があった。

「森首相から後任の官房長官に就任要請があったが断って、福田康夫を推薦した」

と言う。なぜかと問うと、

「森首相は郵政民営化に賛成でない。自分が森内閣の官房長官になって郵政民営化を進めるわけにはいかない」

と答える。小泉という男は、いつ何時でも、あくまで郵政民営化至上主義の頑《かたく》なな姿勢を崩さなかった。結局同日、福田が官房長官に就任。小泉は「ハマリ役を推薦できた」と自画自賛していた。

福田は恩師である福田赳夫の御曹司であるから、森首相も小泉も彼を起用することが「恩返しになる」との考えがあったのだろう。しかし、内閣支持率は依然として低迷に歯止めがかからず、不人気ぶりはいよいよ深刻な状態になってきた。

10月30日、ホテルニューオータニのスイートルームにて、私と加藤紘一は民主党の仙谷由人と

秘密裏に席を設け、単刀直入にこう持ちかけた。

「11月半ば以降の本会議でクーデターを決行する。同調してくれないか?」

慌てた表情を隠さない仙谷は、「仲間と相談したい」と言うのみだった。仙谷はすぐさまその場に菅直人と枝野幸男を呼び、5人での話し合いが継続された。

侃々諤々《かんかんがくがく》の議論の末、野党側が補正予算成立前に内閣不信任案を提出することには問題ないが、成立するかどうかは野党全員の賛成のほか、加藤・山崎の両派で最低32人必要になる。ただ、これは机上の計算に過ぎず、両派合わせて50人以上が賛成するのでなければ確実とはいえない、という結論に至った。

当時の衆議院議員の議席数480のうち、与党272。加藤派・山崎派は64。この64人が賛成票を投じれば、内閣不信任案は可決する。

すると加藤は、「数についてはまったく問題ない」と自信たっぷりに断言する。これに仙谷が、

「こういう話は、自由党の小沢一郎氏と話をつけておかなければ先行きがおかしくなる」

と忠告すると、加藤は「すでに話はついている」と言い放った。

民主党三氏がスイートルームを引き上げた後、私が加藤に「小沢氏といつ話をしたんだ」と問うと、「昨日、電話で話をつけた」というのである。

どうも今回のクーデターは、〝出たとこ勝負〟の感を禁じえなかった。

だが、漕ぎ出した船は、走り出したら容易には止めることができない。この時すでに、後戻りできない状況になっていた。翌日、熊谷弘民主党国対委員長と密会。加藤の先導によるクーデタ

ー計画を打ち明けた。

「仮に不信任案が成立しても、森政権は解散総選挙に打って出る体力は残っていないだろうから、総辞職する。すぐに首班指名選挙になるが、その際には小沢一郎氏が総理になろうとするだろう。大丈夫か？」

と熊谷。私はその場で加藤に電話した。加藤は、

「小沢はクーデターの首謀者である加藤君が総理になるべきだが、本当に君に50人以上の賛成者がついてくるのかと心配していた」

と正直に答えた。

小泉の術中にハマった加藤

11月になると、加藤の不穏な動きはすでに漏れ始めているようだった。1日夜、赤坂の料亭「若林」で、ビックカメラの新井隆司社長と毎日新聞の岩見隆夫、松田喬和《たかかず》両氏で会食した。その席で、松田記者から、「昨日あたり、加藤・青木会談があったのではないか」と鎌をかけられ、ハッとする場面もあった。

その通り、10月28日に加藤は青木に会いに行き、

「加藤政権の幹事長は、橋本派から出してもらっていい」

と言ったそうだ。加藤は、

「もう言っちゃったんだから、勘弁してくれよ、拓さん」

という調子だ。私から、

「それは少し甘いのではないか。青木さんは早稲田大学の雄弁会で親しくなって以来、森さんとものすごく近い人だよ」

と忠告したが、加藤は聞く耳を持たない。

「加藤新政権ができたら、幹事長は経世会に渡すことになったので、君は官房長官を引き受けてくれ」

とまで私に言う始末だ。加藤・青木会談の顚末《てんまつ》ははっきりしないが、大きな陥穽《かんせい》があるような気がしてならなかった。

8日、九段「ふく源」にて小沢一郎と会合を持った。

「紘ちゃんのことは子供の頃から知っているが、ひとりよがりで脇の甘いところがある。内閣不信任案が出るのは20日頃だが、話が早く漏れすぎているんじゃないか。あと10日以上ある。その間に切り崩されてしまうぞ」

と、小沢は私に警告した。

翌9日、思わぬ形で「加藤の乱」が幕を開けることになる。ホテルオークラの「山里」にて渡邉恒雄氏、早坂茂三氏、中村慶一郎氏、三宅久之氏、屋山太郎氏らが集う「山里会」の席に呼ばれた加藤は、政局の見通しについて聞かれ、こう言い放った。

「森首相に改造はやらせない。森政権が年を越しても、予算案が成立する春には退陣せざるをえないだろう」

事実上の倒閣宣言だった。

当時、内閣官房参与だった中村は当然、この発言をすぐに森首相にご注進。深夜、小泉から電話で問い合わせがあったが、私は故意に「知らない」と答え、なんとかして倒閣発言問題の鎮静化を図ろうとしていた。その甲斐なく、翌日の新聞各紙は「倒閣宣言」と煽《あお》りたてた。私は村岡に呼ばれ、「危ない橋を渡るな」ときつく注意を受けた。


この日以降、加藤は連日テレビ出演を続けることになる。

「国民も交えた長いドラマが始まります」

と語り、民意を味方につけようと必死になっていた。

加藤の倒閣発言が新聞各紙を飾ったその日、衆議院本会議で次のようなやりとりがあった。

小泉「昨日の山里会で内閣打倒の発言を本当にしたのか」

加藤「本当だよ」

すると、小泉から加藤にこんな返事が返ってきたという。

「俺なら不信任案に同調する。もっと早くやっているだろう」

加藤は嬉々として私に小泉の言葉を伝えてきた。しかし、小泉は森派の会長を務める立場だ。

本心でないことはわかりきっている。事実、議場内を走り回って森首相や野中幹事長をはじめ、党幹部の面々に「加藤の乱」の始まりを告げていった。

私のところにもやって来た小泉は、

「本当だったよ。拓さんが早く止めろよ」

と言った。小泉は、この時点でまだ加藤・山崎の結託には気づいていなかったのかもしれないが、加藤は焦《あせ》りのあまり、小泉の術中にハマるという取り返しのつかない大きなミスをおかしてしまった。

この日、佐賀での講演会を終えた加藤とともに、福岡のホテル日航福岡で記者会見を行った。私の政治家人生で最も多くの取材記者が集まった瞬間だった。

その晩は、福岡市内の料亭「三光園」で、今後の対応について加藤とじっくりと話し合った。福岡にいたのは、小泉が走り回った余波で東京にいることができなくなったということもある。まさに加藤、そして私にとって政治家生命の岐路となった日だった。ここまでくれば不退転の決意で行くしかない、というのが2人の結論だった。

11日の主流五派閥の会合で、橋本元首相のこんな発言もあった。

「加藤は熱いフライパンの上でネコ踊りさせておけばいい」

加藤は橋本政権時の幹事長だったのに、この言われ方はないと思った。森派の会長としてその席にいた小泉は、出席者から、

「ＹＫＫの仲なんだから、君の責任でこの暴挙を止めさせろ」

と問い詰められたようで、福岡の自宅に帰っていた私の元に電話がかかってきた。開口一番、いつもとは違う怒り口調でこうまくしたてた。

小泉「拓さん、ひどいじゃないか。ＹＫＫの仲なんだから、加藤さんに味方するだけでなく俺にも味方しろよ」
山崎「今回は加藤さんの味方をするが、いずれアンタの味方もするよ」

受話器に耳をつけてこっそり盗み聞きしていた妻・芙美子は、

「日頃は紳士の小泉さんも、あんなに怒ることがあるのね」

と、小泉の口調の激しさに驚いていた。

その後、小泉は野中広務幹事長に呼び出され、ＹＫＫの関係を難詰されて頭を下げたとも聞いた。野中はかつての加藤の盟友だが、今回は加藤派切り崩しの先頭に立ち、後述するように加藤派側近の古賀誠国対委員長を抱き込んでしまった。

矢野絢也の助言

加藤派の結束は、日を追うごとに乱れ始める。

もちろん、山崎派の総会も揉《も》めに揉めた。派閥のメンバーからは、

「なんで加藤のために、われわれは党を割らなければならないのか。なんで反党行為をしなきゃならないんだ」

という意見が相次いだ。

私は涙を零《こぼ》しながら、反対する派閥のメンバーにこう釈明した。

「諸君、すまん。俺は単騎行く。あなた方に無理強《じ》いするというのは、俺としても快《よ》しとしないから、あなた方は自民党所属の政治家として、この挙には加担しないでよろしい。俺は、盟友・加藤とこれまで長い友情を結んできたから……約束した以上、俺だけはやらせてくれ。今日限り、会長を辞める」

これまで支えてきてくれた派閥のメンバーと別れる覚悟で、こう話した。

私の話で一同が沈黙する中、パッと手を挙げた男がいた。武部勤だった。

「親分がここまでの決意をされたんだ。いいも悪いもない。親分と一緒に討ち死にしよう」

と言ってくれた。

「みんなで一致結束して親分についていこう。誰か異議はあるか」

と武部が続けると、寂《せき》として声が上がらなかった。そして、一人も欠けることなく私についてきてくれることになった。

17日、加藤が不信任案賛成を明言。私も賛成する意思表示をした。その日、小沢は鳩山代表にこう伝えている。

「今日のうちに不信任案を提出すべきだ。土日を挟《はさ》んでしまうと、加藤派が切り崩される可能性が高い」

これを伝え聞いた加藤は、

「逆に土日で派閥の議員を説得する。大丈夫だ」

と、強気の姿勢を崩さなかったのだが、またもこれが裏目に出る。

18日土曜、野中はこう発言している。

「政治生命と自らの命をかけて、反乱者は絶対に許さない」

加藤はもう後に引けなくなっていた。

「野中さんは、戦いをする時はもっと冷静になったほうがいい。私は野中さんより修羅場《しゅらば》をくぐっている」

そう話す加藤を止めることは、もはや誰にもできなくなっていた。


野中を先頭に、加藤派・山崎派の切り崩し工作は、連日マスコミを賑《にぎ》わせた。敗北の決定的な要因となったのは、19日日曜、加藤派の側近、古賀誠国対委員長が野中幹事長に同調したことだった。加藤派のうち、加藤から離れたのは24人、残ったのは21人。

私は派閥で唯一、法務大臣として閣僚入りしていた保岡興治に電話した。

「山崎派はみんな本会議を欠席させるから、あなたは閣僚の地位に留まって、不信任案に反対してくれ」

20日月曜、21時から内閣不信任案の採決が行われることになっていた。その直前、加藤派と山崎派の合同総会をホテルオークラ本館コンチネンタルルームで開いたが、一糸乱れずホテルの会場にやってきた山崎派に対し、加藤派は明らかに数が足りなかった。その場で加藤が皆に欠席するよう伝えた。

「私と山崎さんは、これから本会議場に行って不信任案に賛成投票をしてくる。同志の皆さんはここに残ってください」

騒然とする場内。すると、加藤派の谷垣禎一《さだかず》が血相を変えて加藤に駆け寄る。

「あなたは大将なんだから、一人で突撃なんて駄目ですよ」

「ついてこなくていい。俺と拓さんだけで行く」

と、加藤は谷垣を突き放した。

実は加藤の「俺と拓さん」というのは一方的な宣言で、事前に私の了解を取ったわけではなかった。しかし、あくまで友情を全《まっと》うするため、私は加藤についていった。

本会議場へ向かおうとする加藤を前に、私も腹をくくった。

「アンタと俺だけや。後は可哀相だから欠席でいい。俺とアンタだけは出席しよう。そして党を割ろう。しょうがない。ここまで来たんだから」

そう意気軒昂《いきけんこう》に話す加藤と私を乗せたハイヤーが国会議事堂に到着する。

議事堂の正面に着くと、あろうことか、加藤の口から信じられない言葉が発せられる。

「やっぱり戻ろう……」

たしかに、政治家生命をかけた決断を前に逡巡《しゅんじゅん》する加藤の気持ちもわからないではない。弱

腰になる加藤に、私は、

「俺はどっちでもいいよ。アンタが突っ込むなら、俺も突っ込む」

行くか引き返すかはあくまで加藤が決めること。そう考えていた私は、加藤とともにホテルオークラに戻ることにした。

ホテルに戻る道中、車中に一本の電話が入った。矢野絢也からだった。

中曽根内閣の頃、氏家齊一郎氏の紹介で矢野と出会い、「金龍」で何度となく密会を重ねた。それ以降、矢野とは頻繁に連絡を取り合う仲だった。

「拓さん、早く行け。何やってんだ。これでアンタら欠席すると、2人とも政治生命を失うぞ」

矢野は電話でこう発破をかけてくる。その言葉に私はその気になり、「行こう！」と加藤に声をかけ、再び国会議事堂に向かった。ところがここでまた加藤の心が折れ、2人ともに欠席することになってしまった。

結局、二度ホテルに戻ることになった私は、全身の力が一気に抜けてしまい、ホテルが用意したソファで横になっていた。

すると三度、加藤が「拓さん、行こう」と言うではないか。私は、土壇場《どたんば》で二度くじけた加藤の弱気が伝染していた。

「いや、俺はもう行かん。アンタ一人で行ってくれ。三度目の正直というわけにもイカン」

と突っぱねた。

加藤は一人でホテルを出たが、案の定というべきか、すぐに戻ってきた。

その晩、私は加藤と痛飲した。それほど気落ちが激しかった。加藤は人一倍プライドの高い男だ。心身症になるほどではないが、あれほど思いつめた加藤の姿を見るのは初めてのことだった。

加藤が完全に在野になっても食っていけるほどの猛獣であるかと問われれば、少なくともその類《たぐい》ではない。

翌21日、矢野はテレビ番組に出演し、

「喜劇のピエロになるより、悲劇のヒーローになるべきだった」

とコメントした。

「加藤の乱」が生んだものは何か。誰も分析しきれていないところかもしれない。当事者としてみれば、この「加藤の乱」こそ小泉政権を生んだ、といえるのではないかと感じている。「自民党をぶっ壊す」きっかけを作ったのは加藤であり、小泉政権の生みの親も、田中眞紀子ではなく加藤ということになるだろう。

加藤は期せずして小泉の踏み台となった。その媒介をしたのが私、ということになるのもまた、事実だった。

12月4日、民主党の熊谷弘、仙谷由人と九段の「ふく源」にて会食。私は加藤に代わって、

「ちゃんと態勢ができず、申し訳なかった」と詫びを入れた。

11日、気分がなかなか晴れぬまま、毎年恒例の私の誕生パーティが行われた。会の途中、呼んでいなかったはずの小泉が姿を現した。小泉はマイクを手に、「加藤の乱」での騒動を振り返った後、こんな言葉を残した。

「YKKは友情と打算の二重奏だ」

「皆さんは、私が友情でこの場に来たとお思いでしょうが、さに非《あら》ず打算で来たんですよ」

参会者は呆気《あっけ》にとられたが、私だけは彼の言葉の意味を理解した。つまり〝次は俺を頼むよ〟ということだ。

友であり、ライバルであり、時に政敵となりうる。「加藤の乱」を経たYKKの3人を的確に表した言葉だと、妙に納得してしまった。

その後は、氏家齊一郎氏、村上、のちに派閥を譲ることになる石原伸晃ら若手議員と料亭「金龍」で、再び氏家氏を介して青木と「ホテル西洋銀座」で、また亀井静香とも彼の根城ともいうべき料亭「外松」でと、忘年会を重ね、連日連夜自民党内のしこりを解く作業に追われた。

ようやく加藤が表に顔を出したのは18日のこと。築地の料亭「小すが」にて、小沢、熊谷、加藤、私とで「加藤の乱」の野党側との手打ちが行われた。

「小泉しかいない」

年が明け、21世紀を迎えた2001年。心機一転、気持ちも新たに訪米する機会を得た。アメリカはジョージ・W・ブッシュ氏が1月20日に大統領に就任することになっており、新政権入閣予定者との人脈作りが主目的だった。ローレンス・リンゼー、リチャード・メドレー、リチャード・アーミテージ、スタンプ下院軍事委員長、マイケル・アマコスト元駐日大使、デビッド・アッシャー、ボルトンAEI副会長、カート・キャンベル、シュナイダーといった面々と立て続けに会談。彼らはいずれも、のちのアメリカ合衆国の中枢を担《にな》うことになる人物たちだ。

帰国後、23日にこの年初のYKKの会合を「金龍」で開いた。年が改まってもなお、依然として森内閣の支持率は極度に低迷し、一部報道機関はシングルナンバーの記録、つまり前代未聞の一ケタ台に落ち込んだと報じた。この状況を見て私は、小泉にこう助言した。

「米国と同様、日本も不人気なリーダーを代えなければ、日米関係はうまく機能しなくなる。君が森さんと交代したらどうか」

この言葉に加藤は賛意を表したが、小泉は黙って考え込んでいた。私は前年12月11日の私の誕生日パーティにおける彼の言葉を想起し、「間違いなく脈がある」と思った。

2月7日19時、ホテル西洋銀座1234号室にて、氏家齊一郎氏、青木と3人で会食。2人とも酒が強く、いつも談論風発の観を呈するが、いろいろな話題の中から加藤の乱の思い出話にも及んだ。青木によると、

「去年の10月28日に加藤と会った際、古賀誠を介して野中広務幹事長と会えとアドバイスをしたのに、加藤が実行に移さなかったので、すべてがおかしくなった」

とのこと。さらに青木が続ける。

「森首相の人気はガタガタになったが、7月に実施される参議院選挙は、総理の顔だけで戦うのではない。それぞれの候補者本人が頑張れば、そんなに負けるはずがない。比例区も14人は行くだろう。だから森首相交代論があるが、代える必要はない。野中が総理の座を狙っているという説があるが、百パーセントない。あなたも、参院選が終わるまでじっとしていたほうがいい。古賀幹事長とも喧嘩しないほうがいいだろう。派閥のことは何でも相談に乗るから」

ざっとこんな話であった。

しかし、森政権への不満は、財界の要人からも聞こえてきた。13日、料亭「藍亭」にて古川昌彦、諸井虔、河野俊二、山口信夫ら財界元老四氏が集まる「四天王会」が開かれた。やはり話題の中心は、森政権だ。各氏とも、あまりにも不人気なので交代したほうがいいという意見だった。私は、

「加藤・山崎は執行猶予《しっこうゆうよ》中の身なので、思い切って局面を打開するため新しい顔を出したい」

と言ったら、皆さん賛同の意を示してくれた。私には「小泉しかいない」という確信が芽生えていた。

15日に行われた近未来政治研究会と宏池会の6期以上のメンバーがそれぞれ5人出席し、計10人での会食では、一昨晩同様の話の展開となった。その旨を小泉に電話で伝えると、

「その話はまだ早過ぎる。野党側が再び内閣不信任案を提出する動きがあるので否決してくれ」

と慎重な考えを崩さなかった。

3月5日、内閣不信任決議案が上程されると、派閥の同志には今回は否決に回るよう指示した。加藤にも連絡したが、

「自分だけは筋《すじ》を通して今回も欠席する」

とのこと。また、

「党規委員会でさらなる役職停止処分を受けるのは覚悟のうえだ」

とも言った。結果、内閣不信任案は否決されたが、これが森内閣への餞別《せんべつ》となり、同日、森首相は辞意を洩らした。

第5章

小泉純一郎首相の誕生、自民党幹事長に就任

変人宰相の圧勝劇

２００1年3月13日13時、日本武道館で行われた自民党大会。古賀誠幹事長から党情報告が行われ、

「危機感をもって党再生に取り組む」

と述べたが、森喜朗総裁は、

「前倒し総裁選挙を行う」

と述べ、事実上の退陣表明が行われた。

直ちにポスト森の動きが始まった。経世会（平成研究会）は、森後継に野中広務を推す動きも見られたが、橋本龍太郎元首相を推す動きが主流となりつつあった。やがて青木幹雄の御託宣通り、これが大勢となった。

明くる日の18時30分、私は議員会館の田中眞紀子の部屋を訪ねた。小泉純一郎擁立に助勢を頼むと、思いがけなく「大賛成」とのことだった。

21日、早くも「ポスト森に小泉氏意欲」というニュースが出始める。

翌日、私は近未来政治研究会総会を開き、

「昨秋は加藤の乱で迷惑をお掛けする結果になったが、党再生のために思い切った行動を取るのでもう一度ついて来てもらいたい。新総裁に、今度は小泉純一郎を推したい」

と言った。一同粛然として反対の声はなかった。

26日、氏家齊一郎氏の仲介で中曽根康弘元首相とお会いした。場所は日本テレビ本社「四阿」だ。中曽根元首相の話は、列挙するとこうだった。

一、自民党は空前の危機に直面している。公明党と連立しておかしくなった。目の覚めるようなオペレーションが必要だ。
二、森首相は辞めると肚が決まってから、総理らしい風格が出てきた。上野公成《こうせい》官房副長官を通じ、アーミテージレポートを読むようにアドバイスした。
三、自民党総裁選は、小泉純一郎君が出るか出ないかが焦点。野中広務君はたぶん出ないだろう。子分がいない。
四、その点、青木幹雄君は顔に深みがある。則天去私《そくてんきょし》の心境のようだ。
五、日本の総理大臣は代わり過ぎる。昭和9年から16年にかけて8人も総理大臣が代わったことがある。その時は支那《しな》事変をめぐって対立が生じた。その時と比べると、今の政権交代劇は原因が軽い感じだ。

このことについて私から、

「三角大福中はレベルが高く責任感が強かった」

と発言したところ、中曽根元首相の答えはこうだった。

六、われわれの世代は戦争経験を持っている。国家が体中に入っている。だから責任感がある。

28日は、銀座「吉兆」にて青木から総裁選についての派内事情を聞く。青木からは、概略以下のような話があった。

「経世会（平成研）は現時点では白紙である。野中は出さない方針だが、小泉が出るなら対抗して出るのを止められない。（小泉が）出ないなら責任をもって止めるつもりだ。小泉はたしかに参院選の顔になりうるが、郵政関係600万票が逃げる。小泉は郵政事業民営化の主張を引っ込められるか。個人的には、橋本元首相の再登板で挙党一致内閣は可能だと思う」

私からは多くは言わず、

「小泉の出馬の意思は固いようだ」

とだけ伝えた。おそらく、そう思っていたであろう青木も、何としても止めてくれとは口にしなかった。

翌日、赤坂の料亭「たい家」で大島理森国対委員長と会う。総裁選に小泉が出るなら応援するとの言質を取ることができた。

そうした下交渉を進めたうえで、30日、近未来政治研究会四～五期生が集まり、小泉出馬要請を再確認した。その夜、帝国ホテル1509号室にYKKが集った。小泉曰く、

「経世会は、僕の出馬意思が固いので困っているようだ。橋本内閣が再び実現すれば、官房長官か幹事長にならないかと言ってきた。森内閣の時に官房長官を引き受けなかったのに、橋本内閣で引き受けるわけにはいかない。橋本に勝てないことはわかっているが、必ず立つ。清和会は森さんを含め全員賛成してくれている。負ければ一人でも党を割る。もしＹＫＫ３人で離党すれば、自民党は終わりになる。その時は新党を結成しよう。自民党は参院選に大敗し、年内総選挙に追い込まれるよ」

加藤は、小泉の言葉に乗り、

「新党結成資金は僕が作る」

と息巻いたが、私の意見は少し違っていた。

「負けると決まっているわけではない。勝てるような気がする。国民が味方するよ」

と小泉の背中を押した。

4月9日20時、赤坂の割烹「もりかわ」で実践倫理宏正会の上廣榮治会長および亀井静香自民党政調会長と３人で会食した。付き合いの古い両人は、お互いに遠慮のない物言いをしていたが、亀井が、「景気回復のため30兆円の公共投資が必要だ」と強弁し、

「その実行のため総裁選に立つ」

との意欲を言い立てるのに対し、上廣会長は冷静に、

「成算なき政争事は避けるべきだ」

とたしなめていた。しかし、亀井の出馬への意思は固かった。

12日11時、自民党本部8階「リバティクラブ」でいよいよ自民党総裁選挙立候補受け付けが始まった。

立候補者は届け出順で麻生太郎、橋本龍太郎、亀井静香、小泉純一郎の4人だった。それぞれ20人の推薦人がついたが、小泉候補の推薦人は山崎拓、亀井善之、甘利明、渡海紀三朗、平沢勝栄、田中和徳、山内俊夫、塩川正十郎、三塚博、中村正三郎、伊藤公介、清水嘉与子、中島啓雄、加藤紘一、谷垣禎一、中谷元、岸宏一、岩崎純三、釜本邦茂、以上山崎派7人、森派7人、加藤派5人、これにプラスして異色の田中眞紀子が名を連ねた。亀井静香も、推薦人代表に御大中曽根康弘元首相を戴《いただ》き、背水の陣で臨んだが、下馬評は事実上、橋本龍太郎・小泉純一郎の一騎討ちの情勢だった。

翌13日、橋本本命で揺るがなかった総裁選の流れがガラッと変わる。自民党本部8階ホールで行われた総裁選挙立ち会い演説会で、小泉候補は、

「自民党をぶっ壊す」

という過激な表現で、解党的出直しを訴えた。

私には、小泉の言う「自民党をぶっ壊す」とは、田中角栄政権以来30年にならんとする経世会(旧田中派)支配を打倒する意味だと理解できたし、また持論である郵政民営化の必要性を力説

したが、これも「郵貯資金→財投会計→公共事業ルート」に巣くう政官財癒着の構造を壊すという意味だと理解していた。

これを機に、一挙に国民を巻き込んでの小泉フィーバーが起こる。15日に渋谷駅前で行われた街頭演説には、一万人を超える聴衆が交差点を埋め尽くした。街宣車に上がったのは、小泉純一郎、加藤紘一、私のＹＫＫ３人と田中眞紀子だった。田中は、応援演説の中で、

「小泉純一郎は変人、梶山静六は軍人、小渕恵三は凡人」

と人物評を行ったが、勢い余って小渕のことを〝お陀仏《だぶつ》さん〟と言ったので、マスコミからも攻撃を受けることになった。渋谷駅周辺は完全な交通麻痺《まひ》となり、交通警察が街宣車に怒鳴り込んできた。私は、その対応にてんてこ舞いさせられた。

その夜は、加藤と赤坂の焼肉屋「一龍」で食事をした。加藤は、

「小泉が敗れれば、直ちに新党を結成しよう」

と張り切っていたが、あくまで小泉劣勢の情勢判断をしていた。そこで私から、

「今度の総裁選は、古賀誠幹事長の英断で、予備選挙では地方の県連票で1位になった候補が、勝者総取り方式で3票を獲得することになった。地方で人気のある小泉に有利ではないか」

と小泉有利論をぶった。

4月19日、小泉が加藤とともに来福し、10時半から岩田屋デパートZサイド前の広場で街頭演説。私の地元なので、集まった大群衆の前で、

「自分がもし当選できたら、拓さんを軸に新政権を作るつもりだ」

とリップサービスしてくれた。

翌20日夜、ホテル西洋銀座の一室で渡邉恒雄氏、氏家齊一郎氏ご両人と会食した。2人ともマスコミ界の重鎮であるがゆえ、情報が早く、そして正確だ。

「小泉の大勝利は疑いのないところだが、暴走政権にならないよう、盟友としてコントロールを怠るな」

という忠告だった。

22日14時30分、党本部でYKKが顔を合わせた。小泉は微塵《みじん》も疲れを見せない。全国遊説の反応がすこぶる良いので気宇壮大《きうそうだい》になっていると思われた。事実、演説会は街頭であれ、建物内の会場であれ、数千人のにわか小泉ファンが集まり、超満員だった。

この勢いを見て、立候補していた亀井は予備選挙の段階で降り、本戦には出なかった。

23日0時30分、小泉より電話があり、その前夜、中曽根元首相と秘密会談した内容を知らせてくれた。それによると中曽根氏は、

「君の勝利は疑いない。財政再建は急務である。井上準之助の財政政策を範とすべきだ。政権運営は山崎君を頼りにしろ」

というような話をされた由。

小泉は私に、

「僕は、君だけを頼りにしている」

と言ってくれた。私は、豊臣秀吉に対する黒田官兵衛のような心境になっていた。

24日13時、自民党両院議員総会で総裁選挙の投票が行われた。開票結果は、

小泉純一郎　２９８票（議員票１７５票、県連票１２３票）
橋本龍太郎　１５５票（議員票１４０票、県連票15票）
麻生太郎　　31票（議員票31票、県連票０票）

文字通り、小泉が圧勝した。小泉総裁は直ちに党三役を指名し、私が幹事長に、政調会長に麻生太郎、総務会長に堀内光雄が就任した。

２日後に行われた組閣では、外務大臣に田中眞紀子が抜擢された。前夜、森喜朗より電話があり、

「田中眞紀子が『内閣官房長官にしろ』と小泉首相にねじこんでいるので、阻止しろ。もっと軽いポストにしないと、すぐに内閣が潰れかねないぞ」

という警告を受けていた。小泉首相に電話すると、

「官房長官にはしないが、外務大臣ぐらいにはしないと収まるまい」

と言ったので、

「まあ、やむをえないかなあ」

と言った。わが派から武部勤が農林水産大臣に起用されたが、まず順当なところと考え、入閣待望組だった同志たちは、党の役職に就《つ》けることで収めることにした。

29日23時、小泉首相より電話があり、

「時々官邸か公邸に訪ねて来てくれ。精神安定剤になってほしい」

と言われた。

5月6日19時30分、高輪プリンスホテル「茶寮惠庵」で、小泉首相と創価学会の秋谷栄之助会長、西口良三総関西長との会合をアレンジし、私と冬柴鐵三公明党幹事長が同席した。冬柴幹事長から、秋谷会長が衆参同時選挙を心配しておられるとのことであったので、直接総理に確認されたらどうか、と言って設営したものである。

秋谷会長が開口一番、

「同日選は考えていないのか」

と聞かれたのに対し、小泉首相が、

「まったく考えていない」

と明言したので、あとは四方山《よもやま》話になった。たとえば秋谷氏から、

「北朝鮮の金正男《キムジョンナム》の強制退去措置は正しかったと思う」

と言われたのに対し、小泉首相は、

「本人とは会っていないが、長引けば面倒だと考えて即刻退去させた」と答えた。もしこの時、金正男を拘束しておけば、翌2002年9月17日の小泉首相の電撃的訪朝は実現していなかったであろう。この日の話題は多岐にわたり、秋谷会長の政治への造詣の深さが良くわかった。

7日13時、本会議で小泉首相の所信表明演説が行われた。「構造改革なくして成長なし」と力説した。言葉を巧みに駆使する小泉らしい演説に拍手喝采が起こった。

8日8時、ホテルオークラ「山里」で、自公保三党の幹事長、国対委員長会談を開いた。自民党の大島理森国対委員長から、明日からの代表質問に対する総理答弁は挑発的にならないように、との注文があった。私からその旨総理に伝えるが、「小泉内閣の方針に反対する勢力はすべて抵抗勢力だ」ぐらいのことは言うだろうな、と答えた。

9日17時、東京プリンスホテルで、私の著書『憲法改正』（生産性出版）の出版記念会を開いた。憲法改正は私のライフワークの一つだが、憲法改正の眼目は九条改正にあると考えてきた。自衛のための軍事力は必要という立場を明確にし、戦争放棄の一項は変えないが、二項に自衛のための実力を保持することを明記することにした。また集団的自衛権行使については、「集団的自衛権は有しているが、行使することは憲法上許されない」とする政府の解釈が長年にわたり確立されてきたことから、これを可能にするには憲法改正が必要だと主張した。

5月30日～6月2日の間、与党三党幹事長（山崎拓、冬柴鐵三公明党幹事長、野田毅保守党幹事長）で急遽訪米した。小泉政権の日米同盟関係堅持の意思伝達と与党三党体制を固めるための外遊だった。

ワシントンではパウエル国務長官、アーミテージ国務副長官、ウォルフォウィッツ国防副長官、グリーンスパンＦＲＢ（米連邦準備制度理事会）議長、オニール財務長官、パターソン大統領特別補佐官、リンゼー経済担当大統領補佐官等々、盛り沢山の会談日程をこなした。私が小泉首相と長年の盟友であるとの前宣伝が浸透しており、小泉首相のパーソナリティに関する質問が多く出た。夜は三幹事長で、ホテルのバーでバーボンウィスキーを呑みながら肝胆相照《かんたんあいて》らすべく歓談した。冬柴幹事長の酒豪ぶりには舌を巻いたが、同行記者も驚いていた。

6月12日18時30分、ホテル西洋銀座１２３４号室で、青木幹雄と会った。氏家齊一郎氏が同席した。青木から参議院選挙対策についていろいろ注文があった。大勝を狙うな、ということだった。手堅くやろうということだと受け止めた。

24日19時、首相公邸で小泉首相の招宴があった。堀内光雄総務会長、青木幹雄参議院幹事長、町村信孝幹事長代理、福田康夫官房長官、安倍晋三官房副長官といったメンバーが出席した。宴席のテーマは、参議院選挙をいかに戦うかだった。主として青木幹雄が話をリードした。複数区については、

「各県一人は必ず当選するが、２人を公認するかどうかは、２人とも当選可能の場合のみ追加公

認すべきだ」

と主張した。

「自公選挙協力は重要だが、その代わり、比例区は公明党にかなり喰われることを覚悟すべきだ」

とも述べた。小泉首相は、公認候補全員当選を期すことは当然だが、勝敗ラインは自・公・保三党で過半数で良しとした。

29日、通常国会は閉会し、自民党内各派は7月12日の第19回参議院議員通常選挙公示に向けて一斉に走り出した。

靖国公式参拝の衝撃

7月5日12時、ホテルの一室で、与党三党幹事長が陳健《ちんけん》中国大使と会談した。陳健大使は間もなく武大偉《ぶだいい》氏と交代されるとのことで、帰国挨拶を兼ねて心配事の相談があるとのことだった。「心配事」とは、小泉首相が自民党総裁選挙の際に討論会において「総理に就任したら、8月15日の戦没者慰霊祭の日に、いかなる批判があろうとも靖国神社を必ず参拝する」と明言したことだった。

中国指導部はこの発言に注目しており、もし本当に行けば、日中関係に大きな波風が立つことになるだろう。1978年10月にA級戦犯が合祀《ごうし》されて以来、中国側は日本の総理の公式参拝はやめるべきだと要請してきた。中曽根・橋本両内閣の時も靖国参拝が行われ、日中対立の中心的テーマになった経緯がある——。そこで陳健大使は、三党幹事長から「8月15日は行かないほうが良い」と小泉首相に進言して欲しいとのことであった。

また、3人揃って米国に行かれたんだから、中国にも来てほしい、と要請された。このため、急遽ソウル経由で北京に行くことになった。

北京では江沢民国家主席、銭其琛《せんきしん》国務院副総理、唐家璇外相、戴秉国中国共産党中央対外連絡部長らと会談した。小泉首相が、1978年10月に日中平和友好条約が結ばれた時の日本の総理大臣・福田赳夫氏の愛弟子であることに鑑み、この時に確認された平和五原則を遵守するよう強く要請された。

7月12日、参議院議員選挙が公示された。私は7月29日の投票日前日までの17日間、大阪の谷川秀善《しゅうぜん》候補の出陣式を皮切りに全国遊説に走り回った。全国比例区の近藤剛候補（経団連推薦）を含めて合計25候補の応援演説をして回った。小泉人気をバックに、かつ陣中見舞いも持って回ったので、どこでも歓迎された。

選挙の結果は、改選数121議席中、自民党64議席と過半数を超え、公明党13議席、保守党1議席、与党合計78議席と、野党無所属合計43議席を圧倒した。小泉人気の所産だった。しかし非改選組を合わせた参議院全体の議席数は、247議席中、自民党111、公明党23、保守党5の計139となり、与党は辛うじて安定多数を回復したものの、自民・公明・保守連立政権は依然として鉄の結束を必要とする状況であった。

8月3日19時〜20時35分、首相公邸で小泉首相と密談。加藤紘一からの話として、彼が小泉首相の靖国神社参拝問題で新任の武大偉中国大使と話し合った内容について報告した。それは次の4条件だった。

一、8月15日を外すこと
二、公式でなく私的参拝であること
三、小泉談話を出すこと（村山談話以下の内容ではだめ）
四、中国に特使を派遣し、A級戦犯を参拝に行ったわけではなく、日中友好関係を損なうものではないことを明確にすること

小泉首相は、靖国参拝に関する自分の気持ちは変わらないが、それで良いかどうか福田官房長官と良く話し合ってくれ、と言った。

また9月の人事については、自分が総裁の間は党三役を変えるつもりはないが、経世会から副総裁を出したいという話があった。経世会と妥協を図るというわけにはいかないので、断ることにした。また、秋の臨時国会は9月12日からでなく、9月27日召集にしてほしい。「少し休みたい」と言うので、私から、セーフティネット関連法案の準備のために召集を遅らせることにすると発表しよう、と言った。

4日14時30分、加藤紘一より電話があり、北京郊外の北戴河にいる武大偉大使に小泉－山崎会談の模様を報告したところ、中国政府側の反応はさまざまだが収拾可能だと思う、と答えた由。

10日夜、小泉首相が公邸に与党三党幹事長、福田官房長官を招いた。小泉首相は終戦記念日の靖国参拝について依然として強いこだわりを示した。しかし一同、日中関係に重大な障害を招くとして慎重論だった。

11日夜、公邸で久しぶりにＹＫＫ会談が行われた。加藤は武大偉大使との間で話し合われた4条件を是認する主張をした。一方、小泉は寡黙だったが、依然として総裁選時の自分の発言にこだわっているのが良くわかった。私も、武大偉大使と会うことにした。

12日朝、自民党本部で武大偉大使と会った。武大偉大使がやや命令口調で、8月15日の参拝だけはやめてほしいと言うので、命令口調はやめてほしいとたしなめ、〝前倒し〟なら良いのかと聞いた。すると、福田官房長官は後倒し説だ、と明かしたので、それは無理だ、中国の圧力に屈した形になるからと突っぱねた。

福田官房長官に確認の電話を入れたところ、中国側は8月15日以降でなければ容認しない立場であると同趣旨のことを言い、そのうえ、小泉談話を作成中だとも言った。どうも小泉・福田間の意思の疎通が悪いように思え、事態が袋小路に入ったので、一計を案じ、渡邉恒雄氏の力を借りることにした。

同日15時、渡邉恒雄氏に電話した。

「小泉首相の政治信念、日中関係を総合的に判断して、今回は8月15日参拝を強行せず、前倒しで8月13日に電撃的に参拝するのが上策であると考えますが、どうですか」

との意見を申し上げたら、渡邉氏は即断で、

「それが良いでしょう」

と答えられた。さらに私から、

「その旨、小泉首相に電話してほしい。受け入れるなら主筆として支持声明を読売新聞紙上に掲載すると言ってほしい」

とお願いした。これも快諾された。16時、渡邉恒雄氏から報告の電話があり、たった今、小泉首相に電話で、

「明日靖国参拝を電撃的に決行すべきこと。8月15日以降は中国の圧力に屈したことになるのでだめだ。明日決行なら、今から編集局長と政治部長を呼んで、社説で支持声明を出すよう指示する」

と申し入れたとのことであった。また、

「小泉首相は黙って聞いていたが、山崎幹事長と打ち合わせのうえだと言っておいたから、たぶん実行されるでしょう」

と付け加えられた。

13日8時30分、福田官房長官より小泉首相談話案の読み上げがあった。9時35分に小泉首相に電話したら、官房長官に幹事長と肚合わせするように言ってあるとのことであった。

16時30分、小泉首相が靖国神社参拝を決行した。その際の記帳は、内閣総理大臣小泉純一郎だ

った。つまり、公式参拝が行われた歴史的瞬間になった。

盆明け、小泉首相は箱根で2週間休養するとのことだったので、こちらは8月16〜24日、自民党総合政策研究所の主任研究員9人を引き連れて、ＡＳＥＡＮ4ヵ国訪問の旅に出た。
16、17の両日、インドネシアのジャカルタでメガワティ大統領とハムザ・ハズ副大統領、スシロ・バンバン・ユドヨノ政治・治安担当調整相らと会い、インドネシア共和国独立56周年記念レセプションに出席した。ユドヨノ調整相は、すでに次期大統領候補にふさわしい風格があった。
19日、シンガポールでリー・クアンユー元首相の長男、リー・シェンロン副首相と会談。相当なインテリジェンスの持ち主で、中国の超大国化を予言し、日中関係が悪くなると、ＡＳＥＡＮ諸国に悪影響が出ると力説した。

20日、カンボジアのプノンペンでチア・シム上院議長、フン・セン首相と会った。フン・セン首相は独裁的な権力を持ちつつあるようだった。同じ隻眼として感じていた親愛の情が薄れる気がした。

21日、タイのバンコクでタクシン首相と会った。自己紹介の際に同じ「タク」の名前で親近感を覚える、と挨拶したら喜ばれた。

22日、ベトナムのハノイで、ノン・ドゥック・マイン共産党書記長、ファン・ヴァン・カイ首相と会談した。グエン・ヴァン・アン国会議長を含めてトロイカ体制で政治運営がなされており、ベトナムの政治体制には安定感があると感じた。

24日朝、ＪＬ７６０便で成田に帰着した。その日のうちに小泉首相に電話で、訪問国４ヵ国がいずれも対日経済関係の強化と日中関係の安定を強く望んでいることを報告した。

28日16時、自民党本部９０１号室で全国自民党幹事長会議が開かれた。小泉政権を支持する雰囲気で盛り上がった。

29日11時、党本部で崔相龍《チェサンヨン》韓国大使と会った。小泉首相の靖国神社参拝に対する韓国側の反発が強く、一定の冷却期間が必要で、小泉首相の9月中の訪韓は無理だとのこと。中国訪問先行が賢明だという。靖国参拝をやめて国立墓地を新設したほうが良いと思う、とも言われた。

同日18時15分、首相公邸で小泉首相と2人きりで話をしたが、森元首相が党内融和のため、経世会優遇策として村岡兼造副総裁起用説を依然として言っている由。村岡氏とは親交があるが、副総裁という立場の人が上にいるとやりにくい、と断った。その時は、自分が後年、副総裁という地位に就くとは思ってもいなかった。同日19時に党五役が揃って夕食会になった。9月末召集の秋の臨時国会は、深刻化するデフレ不況下の景気および雇用情勢を受けて、雇用対策のための補正予算を出すのでその規模を検討するように、とのことだった。

30日8時、ホテルオークラの「山里」で与党三党幹事長・国対委員長会談を開き、昨夜来の話をした。政府に補正予算の編成を促すことになった。

9月4日18時30分、紀尾井町の料亭「福田家」で氏家齊一郎氏、青木幹雄と会食した。青木は、「次期内閣改造は1年後で良い」との考えだった。

9・11という危機

9月11日午前8時46分（米国時間）、ニューヨークのワールドトレードセンタービルにハイジャックされた米国民間航空機が突入するという大型テロ事件が発生した。その後1時間40分強の間にワールドトレードセンターに2機目、ワシントンのペンタゴン（米国国防総省本庁舎）にも1機が突入した。

最初の突入は日本時間21時46分であり、日本のテレビで最初にニュースが流れたのは22時前後であった。米国社会はパニック状態となり、日本にも直ちに伝播《でんぱ》した。

12日9時30分からブッシュ大統領がホワイトハウスで演説し、非常事態宣言を行った。10時20分、小泉首相、福田官房長官が記者会見した。その内容が、11時自民党緊急五役会、11時30分政府・与党連絡会議、15時自民党緊急総務会で報告された。米国政府の危機管理対応を見ながら、日本も同盟国としてできる限りの協力態勢を取ることにした。

13日16時30分、首相官邸で政府・与党政策懇談会が開かれた。その前日に国際連合安全保障理事会で採択された決議1368号を受けて、日本ができることを特別措置法で明確化しようということになった。同決議の内容は、「テロ活動によって引き起こされた国際平和及び安全に対する脅威に対してあらゆる手段を用いて闘うことを決意し、すべての国に対して、これらテロ活動の実行者・組織者及び支援者を法に照らして裁くために緊急に共同して取り組むことを求める」となっていた。

15日8時30分、全日空ホテル701号室に与党三党幹事長と外務省の谷内《やち》正太郎総合外交政策局長、大森敬治官房副長官補が集まり、特措法法制化の下準備を開始した。

19日12時30分、与党三党幹事長がクリステンソン米国臨時代理大使から公使公邸に昼食に招かれた。

クリステンソン代理大使の話は、今回の同時多発テロは、イスラム原理主義勢力による侵略行為であり、米国は個別的自衛権を発動して、テロ攻撃を計画・実行したと思われるテロ組織「アルカイダ」とその指導者であるオサマ・ビンラディンを打倒しなければならない。国際社会も国連決議に基づき、集団的自衛権を発動してともに戦って欲しい。日本も同盟国として、軍事的支援も可能な限りお願いしたい、という趣旨であった。

20日12時、首相官邸の食堂で小泉首相と自民党五役（山崎・堀内・麻生・町村・大島）が昼食懇談会を開いた。私からクリステンソン米国代理大使の話を披露した。

26日8時、赤坂プリンスホテル別館3階マーガレットルームで与党三役の朝食会を開き、翌日開会予定の臨時国会にテロ対策特別措置法案を提出することを決定した。

閑話休題、9月26日のこの日、インドネシア大統領一行が来日し、翌27日夜、小泉首相主催のメガワティ大統領歓迎の夕食会が開かれた。私は、日本・インドネシア友好議員連盟の会長として妻・芙美子を伴って出席した。メガワティ大統領と私の妻はともに眼鏡をかけており、顔がそっくりだった。小泉首相は、メガワティ大統領に妻を「ジャパニーズ・メガワティ」と紹介した。

27日、第153回臨時国会が召集された。当日13時から参議院議場で開会式が行われ、引き続き、米国における同時多発テロ事件による犠牲者の冥福を祈り、黙禱《もくとう》を捧げた。

小泉首相の所信表明演説が衆参両院において行われ、同時多発テロ事件対応の特別措置法案の国会提出を明言した。

法案名は「平成13年9月11日のアメリカ合衆国において発生したテロリストによる攻撃等に対応して行われる国際連合憲章の目的達成のための諸外国の活動に対して我が国が実施する措置及び関連する国際連合決議等に基づく人道的措置に関する特別措置法案」(以下、テロ特措法)となっており、実に長たらしいものであった。法案の中身は、日本は憲法九条によって国際紛争を解決する手段としての武力行使ができないため、対応措置の実施は、武力による威嚇《いかく》または武力の行使にあたるものであってはならないこと、活動地域は「非戦闘地域」と認められる公海(排他的経済水域を含む)とその上空および外国の領域(当該外国の同意ある場合に限る)とすること、以上を前提として、「協力支援活動」「捜索救助活動」「被災民救援活動」の3つを行うという仕組みになっている。

つまり、集団的自衛権の行使はできないので、何ができるか知恵を絞《しぼ》りましょうということだ。

10月5日、本法案が国会に提出された。直ちにこの法案を審議する特別委員会(国際テロリズムの防止及び我が国の協力支援活動等に関する特別委員会）が設置されることになり、衆議院特別委員長は加藤紘一にお願いした。自民党の筆頭理事は久間章生、理事に亀井善之、河村建夫、鈴木宗男《むねお》と並び、重厚な布陣となった。野党の筆頭理事は、民主党の岡田克也政調会長が務めることになった。

9日19時、公邸で小泉首相と自民党五役との夕食懇談会が開かれた。テロ特措法案の取り扱いをめぐる議論が主であったが、とにかく成立を急ごう、ということになった。審議する衆議院特別委員会が、委員長・加藤紘一、筆頭理事・久間章生といずれも防衛庁長官経験者で、最強の顔ぶれであることから心強い、という点で一致した。

12日、キャピトル東急ホテル３０７号室にて与党三党の幹事長、国対委員長とテロ特別委員会・久間章生筆頭理事との打ち合わせ会を行った。久間から、月内早期成立を期して来週中に衆議院を通過させる方針である旨御託宣があり、与党側は一同安心した。その夜19時から官邸で小泉首相を筆頭とする与党三党首、三幹事長計6人で会食した。私から、テロ特措法が月内成立の見通しであることを報告し、同法に基づき、わが国としていかなる協力支援活動を行うかを早急に詰める必要があることを説明した。

15日21時、首相官邸でテロ特措法の取り扱いについて自民・民主両党間のトップ協議が開かれた。自民党は小泉首相、幹事長の私、久間政調会長代理。民主党が鳩山代表、菅幹事長、岡田政調会長が出席した。福田官房長官も陪席した。民主党側はシビリアン・コントロールの観点から、国会の事前承認が必要であることを強調した。私は、今回のような特措法に定められている協力支援活動は迅速果敢《かかん》に行うべきなので、事後承認でも良いと主張し、鳩山・岡田組との間で激論になった。小泉首相は終始無言で目を閉じていたので、眠っているのではないかと思った。事前承認でも良いと思っていたのかもしれない。私は、熊谷弘国対委員長と前もって話がついていたので一歩も引かなかった。

結局、話し合いは決裂してしまった。

28日19時、帝国ホテル1517号室で、小泉首相が読売新聞の渡邉恒雄氏と会談した。私も同席した。渡邉氏は、財政危機対策として無慮数十兆円ともいわれるタンス預金の活用を提唱し、さしあたり10兆円の無利子・無税の小泉ポンドの発行を提唱した。5兆円は国債発行減額に、5兆円は新政策にということだった。小泉首相は黙って聞いていたが、最後に、渡邉氏の手持ちの資料を持ち帰って良く検討します、とだけ答えた。

別途、公明党が提案している参議院の選挙制度改正案についても話題になったが、小泉首相は反対だった。この2人はなかなかの教養人で、音楽にも造詣が深く、ベートーベンとかマーラーといった著名な音楽家の名前が連発され、話が弾《はず》んだ。門外漢の私はひたすら酒を呷《あお》るのみで無《ぶ》聊《りょう》をかこった。

10月29日、参議院本会議でテロ特措法案が可決され、成立した。民主党は反対に回ってしまった。施行・公布は2001年11月2日で、2年間の時限立法であった。

30日8時、ホテルオークラの「山里」で与党三党幹事長で朝食会を開き、テロ特措法に基づき可能な協力支援活動として、海上自衛隊補給艦をインド洋に派遣し、米海軍艦艇等への給油支援活動を行うことで合意したが、実施期間を2年間でなく、3年間に延長するよう与党党首会談で決めてもらうことにした。同時に給油支援活動への理解とりつけとその他の支援活動の可能性を探るため、三党幹事長でパキスタンを訪問することになった。

同日21時、全日空ホテルの一室で、与党三党の幹事長がパキスタン行きの打ち合わせを行った。全日空機をチャーターすることになった。

11月2日8時、羽田発全日空チャーター機でパキスタンに向けて出発した。冬柴鐵三公明党幹事長、二階俊博保守党幹事長と私の3人のほかに同行記者団は16人、全日空の野村吉三郎会長らも同乗した。同日14時30分、カラチ空港に到着した。さっそくカラチ港視察を行った。協力支援活動の一環として、物資の海上輸送を行う場合の拠点としての現場視察である。

3日、首都イスラマバードに移動し、10時に行政長官府でムシャラフ大統領と会談した。大統領はアフガニスタンのタリバン勢力の暗躍に手こずっており、セキュリティ上、日本には人的支援よりも経済的支援を期待したいと語った。インド洋の給油支援は大歓迎だった。午後からサッタール外務大臣やカーン辺境大臣とも会ったが、武器・弾薬の類は除いたとしても、その他の支援物資の輸送も、パキスタン国内のみならず辺境を越えてのアフガニスタンへの陸上輸送はとうてい無理だと判断せざるをえなかった。

4日12時10分、羽田に帰着し、14時30分、三幹事長揃ってインド洋における燃料の補給活動以外は無理だと小泉首相に報告した。

9日、海上自衛隊の補給艦を含む3隻がインド洋に向けて出航した。

11日18時20分〜20時の間、首相公邸で小泉首相と夕食懇談を行った。小泉首相は次の5点について方針を述べた。

一、テロ特措法以外の国際貢献策としてのPKO協力法改正（PKF凍結解除）については一任する。

二、雅子妃殿下の御出産が近いことから、皇室典範の見直しは可とする。

三、第二次補正予算案は成立させるが、会期延長せずにやってほしい。

四、特殊法人の整理と都市基盤整備公団等公団の一本化、住宅金融公庫等の廃止を断行する。

五、当面内閣・党の人事をいじることは考えていない。

12日8時30分、院内で与党三党幹事長・国対委員長会談をやり、会期内に補正予算案を処理するよう申し合わせた。11時30分から院内で、三党幹事長・政調会長が福田官房長官を呼んでPKO協力法改正問題の打ち合わせを行った。

15日19時、赤坂の中華料理店「維新號」で小泉首相と自民党五役が会食した。PKO協力法改正案や補正予算案の処理をめぐる国会運営の円滑化が主要な課題であった。野党対策にも万遺漏なきを期していることを報告した。小泉首相は上機嫌だった。

16日15時、院内常任委員長室で、「政府・与党PKO対策協議会」が開かれ、テロ特措法に基づく対応措置（協力支援活動・捜索救助活動及び被災民救援活動）に関する基本計画について、閣議決定することを了承した。

18日日曜15時30分、帝国ホテル1517号室で久方ぶりのYKK会合を行った。加藤は海上自衛隊の補給艦のインド洋派遣の際、護衛艦としてイージス艦を派遣することについて、「イージス艦が攻撃的性能を有しているので、海外派兵の疑いを持たれるのではないか」と反対する野中広務の意見を支持すると言った。小泉首相は、「拓さんの判断に委せる」と言った。

19日18時30分、中国大使公邸で武大偉大使と会食した。武大使は海上自衛隊のインド洋における補給活動に強い関心を示した。私から、これはあくまでも国連決議に基づく協力支援活動であり、自衛隊の海外派遣ではあるが海外派兵ではない、と言明した。

25日日曜、海上自衛隊の補給艦・護衛艦・掃海母艦の3隻がインド洋に向け出港した。同日19時、ホテル西洋銀座で氏家齊一郎氏、青木幹雄と会食した。青木は小泉首相の政権運営について一定の評価をしたうえで、野中広務が内閣改造を要求するとコメントしたことについて、内閣改造は誰しも望んでいることだが、真意を聞いてみると言われた。

28日20時30分、赤坂の料理屋「津やま」で小泉首相、毎日新聞の岩見隆夫氏と痛飲した。岩見氏は、現政権は予測と異なり、稀《まれ》に見る安定政権になったこと。従って内閣改造は当分しないほうが良いと言った。

12月1日、皇孫敬宮愛子内親王殿下が御生誕。

4日22時30分、小泉首相より電話があり、森喜朗および青木幹雄と会食して、内閣改造はやらないとはっきり伝えた旨連絡があった。

7日、国連平和維持活動協力法改正案（ＰＫＯ協力法改正案）が成立し、第１５３回臨時国会が閉会した。

20日9時、衆議院議員会館第一会議室にて、平成14（２００２）年度政府予算原案内定が行われ、予算編成作業が例年通り粛々と行われた。

24日閣議において一般会計81兆２３００億円（対前年度比１・７パーセント減）の政府案の決定が行われた。その間、小泉首相は圧力団体の要求はいっさい受け付けない方針を貫いた。

25日20時、赤坂「維新號」にて外務省高官各氏（野上事務次官、谷内総合外交政策局長、藤崎北米局長、西田経済協力局長、西宮総合外交政策局総務課長等）と忘年会を開いた。省内では、田中眞紀子外務大臣を話題にすることがタブーになっているようだった。

26日18時30分、料亭「吉兆」で、渡邉恒雄氏の忘年会招宴があり、財務省高官各氏（林主計局長、津田主計局次長、牧野主計局次長、杉本主計局次長等）と会食した。渡邉氏の独演会だったが、小泉ポンドの件は、財務省として採用する気がないようだった。

29日18時30分、ホテル西洋銀座で、氏家齊一郎氏のお世話で経世会幹部の青木・野中・村岡三氏と会食した。今年の私の言動で、経世会の意に添わなかったことはすべて水に流してくれ、と頭を下げた。おかげで今後も小泉政権を支えることを約して年を越すことになった。

中東紛争の震源地へ

２００2年の年が明けた。

1月1日11時、妻・芙美子と恒例の宮中参賀に赴く。小泉首相は独り身だが、加藤紘一夫妻ほか著名な政界・官界の知名士が夫婦揃って出席。この席で、森喜朗から呼び止められ、「中川秀直を国対委員長に起用してくれ」と言われた。

同日12時、ホテルオークラ「山里」で与党三党幹事長（山崎・冬柴・二階）の初会合を行った。話題はテロ特措法のフォローアップが中心であった。国際テロの震源地は中東地域であるから、前年のパキスタンに次いで、今年の初外遊はアラビア半島に行ってみよう、ということになった。

いわゆる中東の問題の発端は、第二次世界大戦後、キリスト教・イスラム教・ユダヤ教の三大宗教の聖地・エルサレムを首都としてユダヤ人国家イスラエルが建国され、そこにいたパレスチナ人が追放されたことである。パレスチナ人の失地回復の試みが、１９４8年から１９７3年までの間に起こった四次にわたる中東戦争だ。パレスチナのバックについたアラブ連盟（エジプトおよびサウジアラビア等の産油国が中心）がイスラエルに味方する国には石油輸出をストップすると宣言し、原油価格を暴騰させたため、日本では石油ショックが発生した。

その後の湾岸戦争（1990年）や同時多発テロ事件（2001年）の淵源も、ここにあると見てよい。つまり、中東諸国はイスラエルを敵視し、イスラエルのバックにいるのが米国だと考えているからだ。われわれ三党幹事長も、まずそこを見て、歴史的視点に立とうということになった。さっそく、1月10〜15日の間、イスラエル訪問の旅に出ることを決めた。

同日14時30分、自民党本部で大島理森国対委員長と会った。

「中川秀直に国対委員長を譲る気はないか」

と率直に聞いてみたが、その気はない、とにべもなかった。

夕刻の便で福岡に帰り、21時30分ごろ、小泉首相に電話。大島理森の心境を伝えた。小泉首相は、「俺から森さんに話す」と言った。

4日13時、福岡のホテルニューオータニ博多で「山崎拓新春のつどい」に約3500人が集まった。終了後、16時の便で上京。

19時30分からホテルオークラの「山里」で小泉首相と党五役の新年宴会があった。小泉首相はこの席で、

「相澤英之党税調会長より税制改正とデノミ断行の提案があったが、税制改正は2月から論議を開始していいが、デノミは実施すべき積極的理由がない。国家の威信のためだけなら意味がない」

と語った。「デノミ」とはもちろん、デノミネーション（通貨の呼称単位の変更）のことだ。

ハイパーインフレになった国などで、膨大な紙幣が必要になった際に、単位を切り下げて適正化させるために使われる。たとえば、ジュース1本1000円、1万円、10万円などと極端なインフレが進んでいくと、1本のジュースを買うために大量の紙幣や硬貨が必要になってしまう。この時、10万円を1000分の1切り下げれば、100円になる。

バブル崩壊後の低迷が続いていた日本では、いっこうに浮揚しない経済の景気刺激策のひとつとして、このデノミを利用することが注目されていた。また、100分の1切り下げることで、1米ドル＝100円が1米ドル＝1円になり、円の威信回復にも寄与《きよ》すると言う人もあった。そして、この日の小泉発言に繋がった背景には、2001年10月頃から、竹中平蔵経済財政政策担当大臣がデノミについて、「議論する価値はある」と発言していたことがあった。

また、人事に関しても質問が出て、小泉首相は、

「原則として私が初めて任命した人間は替えない。が、例外のない規則はない」

という答え方をした。小泉首相はいつも通り日本酒を3合程呑んだので、私もいつも通り同量＋αのお付き合いをした。

10日13時30分、成田発JL407便で、与党三党幹事長および各党本部職員と同行記者団一行約20人がフランクフルト経由でイスラエルに向かった。

11日早朝3時55分、テル・アビブ空港着。寝る暇もなく8時にベン・エリエゼル国防相と会談。同国防相はPLO（パレスチナ解放機構）のアラファト議長に対する不信感を露にした。

「テロリストの親玉だ」というのだ。

午後、ゴラン高原のＵＮＤＯＦ（国際連合兵力引き離し監視軍）を視察。輸送業務を担当している自衛隊からの派遣隊員を激励。シリアの土漠の荒涼たる光景の中で一句詠《よ》む。

「鳥一羽　冬の土漠の　電線に」

12日、在イスラエル日本大使館が手配した防弾車に三幹事長が乗り込み、ＰＬＯ本部があるラマラに向かう。11時、ＰＬＯアラファト議長およびその幕僚と会談。

日本が行ってきたパレスチナに対する援助に感謝しつつ、イスラエル政府軍の残虐な行為を紹介するビデオを見せられる。目を背《そむ》けたくなるような残忍なシーンが続く。これに対して、ＰＬＯが行っている自爆テロ行為については、ハマス（イスラム原理主義組織）がやっていることだと説明し、内部分裂も見てとれた。こちらからは話し合いで平和的に解決するよう促し、日本ができるイスラエルとの対話の場の提供も約束した。

同日12時30分、アブ・アラＰＮＣ議長と会談した後、死海の海水浴場視察に向かった。またへたな句をひとつ。

「テロを避け　冬の死海へ　防弾車」

死海は塩分の濃度が高く、泳ぐと身体が浮くそうだが人影はなかった。

13日10時、カツァブ大統領を表敬訪問。その後エルサレム視察を行う。ユダヤ教の嘆きの壁、キリスト教のゴルゴダの丘、イスラム教の岩のドームと三宗教の聖地が重なり合って共存している。正に最高の世界遺産だ。16時ペレス外相、20時シャロン首相と会談したが、強硬派のシャロン首相のタカ派ぶりにはいささか当惑した。中東紛争の震源地であるとの自覚に欠けていると思われた。

14日7時35分、テル・アビブ発ロンドン経由で帰国の途《と》についた。

16日18時半から、日本民間放送連盟（民放連）との会食。日本テレビ・氏家齊一郎、TBS・砂原幸雄、フジテレビ・村上光一、テレビ朝日・広瀬道貞、テレビ東京・一木豊の各氏。みなさん専ら国内政局のほうに関心があり、質問攻めに遭った。

21日、第154回通常国会が召集された。直ちに平成13（2001）年度第二次補正予算が提出された。これは、2001年12月14日の経済対策閣僚会議において決定された「緊急対応プログラム」を実施するためのものであった。

この補正予算審議中の衆議院予算委員会において、1月21〜22日に東京で開催されたアフガニスタン復興支援国際会議へのNGOピースウィンズ・ジャパンの出席拒否問題が取り上げられた。鈴木宗男議員から外務省にNGO排除の圧力があったか否かの真相解明の追及があり、紛糾した。

田中眞紀子外務大臣は1月28日の同委員会の答弁で、外務省の野上義二事務次官がその旨自分に報告したと発言し、野上事務次官の参考人招致が実施された。ところが野上事務次官は、鈴木議員云々とはいっさい言ってないと証言したため、補正予算案の審議が紛糾した。この事態打開のため小泉首相は、答弁に齟齬《そご》のあった田中眞紀子外務大臣と野上事務次官を、この際一気に更《こう》迭《てつ》すると決意した。

田中眞紀子外務大臣更迭

1月28日夕刻、小泉首相から官邸に呼ばれた。何事かと思って執務室に入っていったら、小泉首相、福田官房長官、首相秘書官数名とヒゲの野上事務次官がいた。野上事務次官はすでに辞表を提出した様子だった。

小泉首相から「側に坐ってくれ」と言われて、総理にいちばん近いソファーに坐った。小泉首相から、

「田中眞紀子外相をやめさせることにしたので立ち会ってくれ」

と言われたが、今さら否応もなかった。すぐに田中外務大臣が入ってきて、私の目の前の空いたソファーの席に着いた。田中外務大臣は、その場の異様な雰囲気と野上事務次官がいることに気づき、開口一番、

「野上事務次官を馘《くび》にする話なら、小泉首相の力を借りる必要ありません。私の部下ですから、

私の責任で始末します」

と吠《ほ》えるように言った。小泉首相は困ったような顔をして、

「あなたの問題もありましてね……」

と言った。田中外務大臣は、はっと気づいたらしく、

「まさか私を更迭するというんじゃないでしょうね」

と切り返してきた。小泉首相は私に向かって、

「山崎幹事長、そうなんだよなあ」

と振ったので、やむなく私も、

「そうです。総理はあなたを更迭する決断をされたようです」

と発言した。すかさず福田官房長官が横に坐って、「辞任届」と題する紙と硯《すずり》と墨と毛筆を田中外務大臣の机の上に置いて署名を求めた。田中外務大臣は、

「こんなものに署名できるか！　私はやめない‼」

と言って立ち上がり、首相執務室から出て行ってしまった。後に残された者たちは呆然《ぼうぜん》としたが、小泉首相が、

「これでやめさせたことになったのかなあ」

とつぶやいたので、首相秘書官の一人が、

「別に本人の自署がなくても、総理の発言があればよいのです。総理は間違いなく更迭という言葉を使われました」（実際は私が使った）

と言った。それを聞いて小泉首相はやおら立ち上がり、部屋の隅にある大きな本棚に向かって辞書を取り出し、自分の坐席まで持ってきた。そして〝更迭〟という言葉を引き、小声で、

「間違いない。〝やめさせること〟と書いてある」

と言い、安堵《あんど》したようだった。私も念のため党本部に帰って辞書を引いてみたら、

「更迭」＝高い地位や役職にある人を事情があって代えること
となっていた。

2月1日、後任の外務大臣に川口順子《よりこ》が就任し、補正予算は同日の参議院本会議で可決・成立した。

4日、両院本会議で小泉首相の施政方針演説が行われた。特殊法人改革・規制改革等構造改革は着実に動き出しており、本年は改革本番の年になると力説した。これに対する代表質問は、2月6〜7日の両日衆議院で、2月7〜8日の両日参議院で行われた。

8日19時30分、官邸首相執務室で、小泉・福田・私の3人で総合デフレ対策、医療制度改革、ブッシュ米大統領訪日スケジュール等について打ち合わせを行った。

11日12時30分、赤坂プリンスホテル会議室で与党三党幹事長、政調会長と官房長官、坂口力厚生労働大臣で健康保険法等改正案の本国会提出について合意した。

同日17時30分、帝国ホテル916号室にて民主党の熊谷弘国対委員長と会った。予算審議日程をはじめ国会運営全般について話し合ったが、熊谷は、鈴木宗男衆議院議員の証人喚問要求は譲れない、と主張した。

与党の幹事長が野党の国対委員長と密会することについては批判もあろうが、国会運営は幹事長の責任である。私が国対委員長を務めた時は、上官であった森幹事長が一任してくれた。私は大島国対委員長が仕事をしやすいように、水面下で民主党側と接触し、国会運営のレールを敷いていた。

12日18時半から、参議院の青木幹事長とともに、財務省幹部の武藤敏郎事務次官、細川興一主計局長、勝栄二郎官房長とホテルの一室で夕食懇談会を開き、予算審議促進その他について話し合った。私が衆議院の責任者、青木が参議院の責任者である。

19日10時30分、参議院本会議場でブッシュ米大統領の国会演説が行われた。大統領は、日米は連帯して北東アジアの平和と安全に責任を負うべし、と主張した。もっともこの言葉は、日米安保体制堅持の常套句《じょうとう》ではあったが。

20日19時30分、首相公邸で小泉首相と自民党五役との会食があり、米大統領訪日の成果について話題となった。日米同盟関係がいっそう強化されたとして評価が高かった。

参議院議員選挙を迎えるまでは、その結果次第、という不安定さを残していた小泉政権だったが、それを乗り越え、この頃には盤石な状態となっていった。
小泉はそれまで安保政策をやってきたわけではないが、ブッシュ大統領とのキャッチボールに象徴されるような隔意のない小泉対米外交の下地は、私が作ってきたと自負している。小泉政権誕生前にブッシュ政権の要人に会い、小泉首相就任後は与党三党幹事長で再び会いに行った。私は国防省、国務省の要人とも深いパイプを作ったり、自民党政調会長を三期歴任した間、米国財務省や連銀などの幹部とも何度も交流したりしてきた。名実ともに小泉政権のナンバーツーだった私のところには、各国の要人から、「小泉政権の方針を聞きたい」「小泉首相に対して言ってもらいたいことがある」とひっきりなしに問い合わせがあった。

28日17時30分、首相公邸で小泉首相と政府予算案の衆議院通過について打ち合わせを行った。「政府予算案の衆議院通過のデッドラインを3月6日と考えて、日程は万事君に一任する。（鈴木宗男の）証人喚問に応じなければ、予算通過がそれ以上遅れるようであれば応じてくれ」と小泉首相は言い、野党の証人喚問要求受け入れはやむをえないとの結論になった。

3月6日、政府予算案は無事衆議院を通過したが、3月11日の衆議院予算委員会において、鈴木宗男衆議院議員の証人喚問が行われた。その時の質疑のやりとりの中で、野党側は議院証言法違反があったとして刑事告発した。
翌日夕方、首相官邸で小泉首相と会った。前日行われた証人喚問の結果、党内に動揺が見られ

ることについて、小泉は、

「人心一新の必要はない。9月まで人事はやらない。やむなく交代させる必要が生じても必要最小限度だ。三役は絶対に代えない」

と強気だった。これまでの自民党は、内閣改造を定期的に行うことで各派閥から入閣させてバランスを取っていた。しかし、「自民党をぶっ壊す」つもりの小泉は、前例を踏襲《とうしゅう》することはなかった。


15日午後、自民党本部幹事長室に野中広務が鈴木宗男を伴って来た。鈴木宗男の自民党離党問題が緊迫した局面を迎えていた。野中より本件につき一札を入れるように言われたので、これを了とした。

「次期衆議院議員選挙前において、鈴木氏より復党要求があれば党規約にのっとり、復党手続きを進めることとする」

と私が読み上げ、野中がそれをメモした。おそらく、そのメモのコピーを鈴木宗男も持ち、「これさえあれば復党できる」と考えていたはずだ。しかし、その3ヵ月後の6月、鈴木宗男は斡旋収賄《あっせんしゅうわい》罪で逮捕され、立件されたため、それどころではなくなってしまった。

加藤の下野

3月17日18時30分、ホテルオークラ984号室に加藤紘一、保岡興治、谷垣禎一と私の4人で集まった。加藤の元筆頭秘書が脱税疑惑で摘発された事件の対処方法を話し合うためだった。元法務大臣の保岡は、加藤と日比谷高校の同級生であり、また私と衆議院議員当選同期の仲でもあった。谷垣は加藤の率いる宏池会派閥の有力幹部で、加藤の信頼が深かった。また保岡・谷垣とも弁護士の資格を持っているので、相談相手としてはこのうえなかった。加藤はかなり弱気になっており、政治責任は免《まぬが》れないと覚悟していた。さんざん議論したうえで、われわれはその覚悟を多とし、出処進退の判断は本人に委せることにした。

26日、辻元清美衆議院議員が政策秘書給与の流用疑惑問題で、議員辞職願を綿貫民輔衆議院議長に提出した。

翌日20時30分、首相公邸に赴き、小泉首相と一連の政治資金疑惑問題の処理について話し合った。

「加藤さんが青木さんに『しばらく旅に出る』と言った、と青木さんから報告を受けた。加藤さんの問題は本人とよく相談して善処し、政治生命に傷がつかないようにしてくれ」

と言われた。つまり、私から加藤に出処進退の方針を聞いてくれという意味だ。また一連の秘書給与疑惑は超党派的問題なので、司法に委ねるしかないとの判断だった。

また、武部農林水産大臣がBSE（牛海綿状脳症）問題をめぐる対応に不手際があったとして国会で追及されていた。前年から発生していたBSE問題で農水省通達として出された指導内容について、一部の酪農家による「知らなかった」という発言に対し、武部が「わたしだったら恥

ずかしいと思う」と発言したために野党の槍玉にあがっていたものだが、これについて小泉首相は、

「金銭スキャンダルでもなく、本人が自発的にやめると言わないかぎりかばい抜くつもりだ」と言った。最終的には、野党四会派が参議院に提出する問責決議案を否決して決着をつけるようにとの指示だった。4月4日にその通り決着した。

4月1日19時、芝の料亭「菊屋」で大島理森自民党国対委員長と会食した。無事に平成14（2002）年度政府予算案が成立したので、その慰労会という名目にした。大島は、本国会の運営は自分が責任をもって行うこと、加藤の問題は、幹事長（私）の指示に従って処理すること等を約した。

2日19時、ホテルオークラの「山里」で小泉首相と自民党五役の夕食懇談会があった。小泉首相は、

「いろいろと難題が山積しているが、今の五役（山崎拓幹事長、堀内光雄総務会長、麻生太郎政調会長、竹山裕《ゆたか》参議院議員会長、青木幹雄参議院幹事長）はベストメンバーなので、大船に乗った心境である」

と皆を持ち上げた。

8日、加藤が衆議院予算委員会に参考人招致された。加藤はその場で、自分の筆頭秘書による一連の政治資金問題の政治的・道義的責任から議員辞職する考えを表明した。翌日の本会議で、

加藤の議員辞職が許可された。加藤の心境を思うとやるせなく、夜は行きつけの築地「新三浦」にて一人で酒を呷《あお》った。

17日17時、東京プリンスホテルで「関谷勝嗣議員在職25周年記念パーティ」が開かれた。関谷勝嗣とは多年にわたる盟友関係である。抜群の人柄のよさで広い交友関係を持っており、私が党幹事長の立場にあり、小泉内閣の方針で派閥を離脱しているので、同氏に近未来政治研究会の会長代行になってもらって閥務《ばつむ》を安心して委せた。

4月29日〜5月6日のゴールデンウィークは、米国・トルコ・イスラエル・ヨルダン・サウジアラビアと世界一周の旅に出た。米国には冬柴鐵三公明党幹事長、二階俊博保守党幹事長と同行し、アーミテージ国務副長官、リンゼー大統領補佐官らと会談した。アーミテージ国務副長官は、海上自衛隊のインド洋における給油活動について、日本が初めてショウ・ザ・フラッグ（SHOW THE FLAG）で、国際社会の期待に応じてくれたと高く評価した。本当のところは、国際社会の期待に応じたのではなく、米国の期待に応えたと言うべきだ。

5月7日19時から、小泉首相と党の役員会のメンバーで会食。五役プラス財務委員長、広報委員長などだ。

6月4日、塩川正十郎財務大臣と会う。税制改正について、次の5項目の提示があった。

一、法人税は、実効税率の引き下げ、外形課税の導入の確認
二、所得税は、配偶者控除の見直し
三、消費税の免税点を3000万円から1000万円に引き下げる
四、研究開発の促進のために、研究開発費を減税する
五、生前贈与に関して住宅建設関連非課税枠の拡大

4点目は特定分野投資減税のカテゴリーだ。IT（情報技術）、バイオテクノロジー、ナノテクノロジー、環境の4分野に関して投資減税を認めるということである。

17日18時半から、各新聞社の政治部長OBらが集う「山里会」に出席。メンバーは、渡邉恒雄氏、東京タイムズ出身で田中角栄の『日本列島改造論』（日刊工業新聞社）をまとめた早坂茂三氏、時事通信社OBの屋山太郎氏、毎日新聞の岩見隆夫氏、同じく毎日新聞OBの三宅久之氏、読売新聞OBの中村慶一郎氏。ナベツネさんを除いてみな、政治評論家だ。彼らの講演や原稿のネタを仕入れさせるために、ナベツネさんが政権中枢を呼んで内幕を聞き出そう、探り出そうとする会が「山里会」だ。いってみれば、ナベツネさんが彼らの飯のタネの面倒を見続けているわけだ。

20日8時半から与野党幹事長会談。そして、13時から本会議で健康保険法改正案とともに、鈴

木宗男の議員辞職勧告決議案。19日に斡旋収賄罪での逮捕状が出て、国会会期中ということで逮捕許諾が決議され、それを受けての議員辞職勧告決議案の提出になった。ただ、鈴木宗男は議員辞職を拒否した。

郵政族からの山崎バッシング

6月23日19時から、ホテルニューオータニ6階「KATO'S DINING&BAR」にて、郵政族のボス格である川崎二郎と郵政公社化関連法案の修正について話し合った。論点は6つ。

一、郵政業務密接関連事業が出資することを可とする
二、国庫納付については、国庫納付積立金増加額の一部を納付する
三、信書の定義について「ダイレクトメールは信書。CCとBCCは除外する」
四、民間参入条件、「信書差出箱（信書を入れるポストに相当するもの）10万ヵ所」
五、3種、4種の料金
六、見直し条項を5年から3年にする

翌日、この6点について、川崎二郎から修正したいとの申し出があったと小泉首相に報告すると、

「無修正で行ってくれ。国会答弁で対応する」

と言われた。

25日9時半から役員会をやっていたところ、小泉首相から電話があり、

「片山総務大臣に無修正で通すように指示した」

という。

その翌日の22時20分、私のほうから小泉首相のいる首相公邸に電話し、「郵政公社化関連法案の修正問題について、最終的にどうするか」と改めて問い合わせをした。小泉首相は、

「何度も言うが、修正は認めない。来週中に衆議院から参議院に送らなくてもいい。法案がいずれ成立すればいいが、行き詰まれば国会解散だ」

と言った。彼は郵政民営化の実現のために、郵政公社は途中経過としてしか考えていない。一方、郵政族は民営化の代わりに、法案通りの郵政公社でいこうと必死になっている。だが、小泉首相はこれに関しては、一歩も引かず徹底的に民営化方針を貫く決意だった。

7月2日20時に与党三党三幹事長・三国対委員長会談があり、翌日の自民党総務会で法案提出の承認をとりつけるという申し合わせを行った。その旨を小泉首相に電話で伝えると、「信頼して一任する」とのことだったため、3日9時半からの自民党総務会で郵政公社化関連法案の提出を決めた。

その日の19時からは、ホテルニューオータニの「山茶花荘」で、三党の党首・幹事長で早めの打ち上げを行った。

7日、帝国ホテルの一室で民主党の熊谷弘国対委員長と国会運営についての打ち合わせ。これ

は、水面下でずっと進めてきたものだった。

9日、郵政公社化関連法案が衆議院を通過した。

11日11時40分から12時5分まで、首相官邸で小泉首相と打ち合わせを行った。

「人事は9月末にやる。それまでの間、幹事長降ろしのバッシングに耐えてくれ」

とのこと。郵政公社化関連法案問題以降、幹事長として党の矢面に立った私は、激しいバッシングにさらされ続けていた。

「補欠選挙が10月27日にある。これをにらんで、臨時国会は10月21日に始めてほしい」

補欠選挙の情勢報告をすると、小泉首相は、

「横浜は、中田（宏）市長に頼んだ」

とも言ったが、地元選挙区のことは気になるようだ。

12日14時15分から与党三党幹事長会議。19日19時からTBSビル地下の「グラナータ」で、小泉首相と与党幹部との会食。この種の店は彼の好みだ。

21日20時15分から、ホテルオークラにて小泉首相、青木、福田官房長官と有事法制の取り扱いについて協議。日本が侵略を受けた場合の、いわゆる有事法制がこれまでなかったため、私が幹事長の時代に初めて整理することになった。この時、小泉首相は、

「公明党に振り回されずに修正するなら、そしてより良いものになるなら、賛成だ」

と修正問題について言及したが、公明党は有事法制についてかなり警戒心を見せていた。ま

た、

「人事は9月末にする。国会は10月21日開会でどうか」

と小泉首相が言うと、青木が、

「民主党が分裂する可能性がある。10人ぐらい、こちらに来るのではないか」

と言った。

24日に郵政公社化関連四法が参議院で成立した。衆議院では政治倫理審査会（政倫審）が開かれ、秘書給与問題で田中眞紀子議員が出席した。田中眞紀子議員が自ら進んで政倫審に出たことは評価されたが、しかしながら大方の見方として、完全に疑惑が払拭できたとは受け止められていなかった。

26日15時から与党三幹事長・三国対委員長会談の50分前、小泉首相と来年度概算要求のとりまとめについて打ち合わせをした。小泉首相はその折、

「国会はおおむねうまくいったのではないか。今後、これを機に郵政民営化を強力に進めたい」

「人事は9月末にやる。盆前にＹＫＫをマル秘でやろうじゃないか。設定してくれ」

と言った。


8月1日13時から、与党三幹事長・三政調会長で来年度予算の概算要求のとりまとめを行った。この後、16時からは小泉首相が記者会見し、

「歳出は昨年を上回ることはしない。税制については、増減税を3年から5年でバランスを取

る。減税を先行させる。補正はやらない」と明言した。

4日20時から民主党の熊谷弘と会う。翌月に控えた民主党代表選について、熊谷は「野田佳彦《よしひこ》を担ぐ」と言う。

5日16時30分から、首相官邸の政府与党政策懇談会で平成15（2003）年度概算要求のシーリングを48兆1000億円とした。つまりこれは、国債費が入っていないということ。国債費抜きの政策経費だけのシーリングだ。6日の役員会・政審総務会で前日のシーリングを確認して決議。15時からはマル秘で与党三幹事長会談。翌7日に閣議決定。財政規模の拡大を抑える小泉財政政策は、強力に進められている。

9日は与党三幹事長で大阪まで出向き、太田房江大阪府知事と「吉兆」で会合。関西経済連合会（関経連）会長の秋山喜久氏もいた。人気抜群だった辻元清美議員の抜けた大阪10区の補欠選挙が10月に行われるため、「与党三党で候補者を出そう」と話し合った。

小泉首相の要望だった「盆前にＹＫＫ」が実現したのは8月10日のことだった。場所は赤坂プリンスホテルだ。次のような会話があった。

小泉「加藤さんが今後どうするかということについては、拓さんに一任するから、よろしく頼む。加藤さんがたいへんな苦労をしておられるから……。（人事については）9月23日から30日の間にやるとすれば やる。国対委員長は経世会がいいんじゃないか。拓さんと気が合う経世会の人間は誰か」

山崎「村岡か、さもなければ額賀か、そんなところだ」

小泉「民主党の党首選は混乱している。熊谷は野田を推している。党首選後は割れる可能性がある。政界再編に動くのではないか」

山崎「今、総裁の任期は2年になっている。来年の総裁改選が問題だ。衆議院解散の時期と総裁選の時期が非常に大事になってくる」

小泉「郵政民営化法案を通すためには、本気で解散を考えなければならない」

山崎「青木さんはダブル選挙を望んでいるようだ」

加藤「幹事長も官房長官も、経世会でないのは初めてだ。だからといって、拓さんの上に経世会を置いてはいけない」

山崎「郵政公社の理事長を経世会が決めようとしている」

小泉「来年（2002年）3月までに民間人から起用する」「古賀誠の人物評を教えてくれ」

加藤「それは自分がよく知っている。ひと口に言うと、端倪すべからざるだ」

小泉「冬柴幹事長は信頼すべき政治家だが、あんなに公明党の中で決定力を発揮すると、中で浮いてしまわないか。神崎さん、太田さんとの関係はどうなんだ」

山崎「冬柴さんは懸案事項を党に持ち帰ることはあまりせず、三幹の場で即断即決することが多い。大した実力者だ」

小泉首相が言った通り、郵政公社の初代総裁は、商船三井の会長で経済同友会副代表幹事を務めた生田正治《まさはる》氏となった。

15日からはジャカルタへ。今回も自民党総合政策研究所（大手企業10社から人材を派遣されている機関）のメンバーを引き連れて行った。メガワティ大統領、ハムザ・ハズ副大統領、ギナンジャール前国民協議会議長、アミン・ライス国民協議会議長、アクバル・タンジュン国会議長、スシロ・バンバン・ユドヨノ調整大臣、ハッサン・ウィラユダ外相。彼らインドネシア政界要人一人ひとりに会った。

同日10時から、毎年恒例のインドネシア独立記念式典に出席していると、台湾の呂秀蓮《りょしゅうれん》副総統から電話が入った。どうやら、陳水扁《ちんすいへん》総統に代わって電話をしてきたようで、

「台湾に来てくれ。12月初めにアジア太平洋民主化フォーラムを開催する。日本からの参加を求めるために、近々訪日する」

とのことだった。呂副総統もジャカルタにいたようで、私がいることを知り、連絡してきたようだった。私はこう言った。

「台湾からの対インドネシア民間投資を拡大してほしい」

すると、呂副総統は、

「今その話を、在インドネシアの台湾人実業家としているところだ」

と言った。私が台湾に行くことについては、中国共産党が猛烈に反対しているため自重した。

20日に帰国し、小泉首相と与党三幹事長で会う。

21日は民主党の熊谷弘に会う。

「野田で推薦人を40人集めた。民主党の代表選は、国会議員が３６６ポイント。公認予定が83人いる。これで83ポイントだ。地方自治体議員が47ポイント。党員・サポーターが３２０ポイント。全部で８１６ポイント。野田佳彦は一回戦で１位になる。松沢成文《しげふみ》とは明日合流する。中野寛成《かんせい》は20人ギリギリしかいない。合流を工作中だ」

と言う熊谷は、「鳩・菅、与し易し」と考えていたが、そこは浅慮だった。

結局、代表選は鳩山が再選。論功行賞として中野寛成が幹事長に抜擢された。つまり、中野が野田に反旗を翻したというわけだ。

22日、沖縄に行き、仲井眞弘多《なかいまひろかず》沖縄電力社長に会う。仲井眞氏は通産省の技官だった。工業技術院にいた頃からエネルギー問題を通じて古い縁だった。

２００２年電撃訪朝

8月30日15時、小泉首相と会うと、こんな話を切り出された。

「非常にリスキーなことだが、９月17日に日帰りで北朝鮮を訪問する」

「米韓には連絡した。誤解のないように言うが、国交正常化交渉に入るのではない。国交正常化に入るか入らないかを金正日との間で決める」

首相はこの時点では、あえて拉致問題については伏せた。

9月1日8時半、小泉首相から電話が入る。

「訪朝に関しては、政治生命をかけるという言葉は、私は使わない。それほどリスキーなことだ。忌憚のない意見を交換してくる。日朝国交正常化に入るか、入らないかの問題だ」

この日の夜、熊谷弘に会う。

「秋の臨時国会で、有事法制、個人情報保護両法案の成立に協力する。この問題で民主党が分裂することがあれば、わが方は自民党と連立を組みたい。次期総選挙に政界再編をやろうじゃないか」

と、場合によっては新党結成も辞さない構えを私に告白した。

8日12時半から紀尾井町の料亭「清水」で、小泉首相、福田官房長官と話し合い。補欠選挙について、情勢報告した。

国会召集時期については、

「10月21日、2ヵ月間で合意」

「9月25日に四者協議をやる。26日に党首会談で決定しよう」

四者というのは、首相と官房長官と青木と私だ。

経済対策に話が及ぶ。

福田「ETFを年金基金で買わせる。日銀は拒否している」

山崎「経済対策は金融政策でいこう。日米首脳会談で、不良債権処理促進要求が改めて出るだろう」

福田「速水優《はやみまさる》日銀総裁は、資本注入を主張していた」

山崎「イラク攻撃は、新たな国連決議が必要だということを米国に対して主張してほしい。これがあれば、後方地域支援が可能になる。イージス艦を出してもいい」

話題は日朝首脳会談に。

山崎「六者協議を提唱してくれ。1985年のボン・サミットで、中曽根さんがこの原型を主張された。そして、これについては対中親書を出してくれ」

9月17日、小泉首相は政府専用機で訪朝、北朝鮮の事実上の国家元首である国防委員長・金正日と会談し、「日朝平壌宣言」を発出した。これに基づき、国交正常化交渉を10月に再開することで合意した。

この会談の最大の成果は、北朝鮮が〝特殊機関の一部が妄動主義・英雄主義に走って日本人を拉致した〟事実を認め、謝罪したことである。そして、地村保志《やすし》、濱本富貴恵、蓮池薫、奥土祐木子、曽我ひとみの5人の拉致被害者の帰国を認めた。

ところが、横田めぐみ、田口八重子、市川修一、増元るみ子、原敕晁《ただあき》、松木薫、石岡亨《とおる》、有本恵子の8人については、「死亡」と発表した。そのため日本側としては、拉致問題の完全解決と核開発の中止、ミサイル発射実験の凍結が行われるまでは、日朝国交正常化には入れない、と主張することになった。その後まったく進展がないことを考えると、結果的には交渉を再開して、完全解決を求めたほうが上策だったと思われる。

同日18時30分、帝国ホテル916号室で、氏家齊一郎氏の立ち会いで青木参議院幹事長と会談。臨時国会についての打ち合わせを行う。次の3点について合意した。

一、国会召集は10月21日～12月14日の55日間とする。

二、提出案件は、有事法制、個人情報保護法案のほか、補正予算案とする。

三、人事は9月30日に党三役の留任を決め、10月3～4日頃内閣改造を行うべし。参議院2ポストを含む大幅改造を希望する。

このほか青木は、「小泉政権を維持したいなら、近未来政治研究会はポスト取りを遠慮し、他派閥に譲るべきだ。氏家さんは山崎病だから近未来研に味方するが、自分は言うべきことは言う。いつ山崎さんの敵に回るかわからないよ」と言った。

21時15分、同じ部屋で民主党の熊谷弘国対委員長と打ち合わせ。熊谷は、小泉政権とは敵対せず、有事法制と個人情報保護法案は、修正のうえ協力すると約束した。

翌18日11時45分、首相官邸で、北朝鮮から帰国したばかりの小泉首相と会い、青木と熊谷のそれぞれの意向を伝えた。

小泉首相は、国会運営については青木案に大筋合意した。ただし、大幅内閣改造はやらないと断言した。また小泉首相は、拉致問題に関する国民の反応を気にしていた。私からは、国民は勇気ある訪朝の成果を評価している旨を述べた。

同日17時25分、成田空港発全日空機で北京に向かう。日中国交正常化30周年式典に出席予定の与党三党幹事長および随員並びに同行記者一行で約30人だった。

20日午前、温家宝《おんかほう》副首相、午後、曽慶紅中国共産党組織部長と会い、私から朝鮮半島非核化のための六者協議の設定を提案した。しかし、このときはあまり乗り気でないように見えた。

21日夜、日中国交正常化30周年記念文化観光交流事業記念レセプションに出席。二階俊博保守党幹事長らが中心となって進めてきた事業である。２００２年を通じて、日本から約１万３０００人、中国から約４０００人の旅行者がお互いに訪問し合い、日中双方で大々的な文化交流事業を実施した。そのコアとなる記念レセプションが、胡錦濤国家副主席も出席して人民大会堂で催された。出席者は１０００人を超えて、大変な熱気となり、日中友好関係は順風満帆の感があった。

22日朝、万里の長城跡の八達嶺近郊で記念植樹。同日20時、会場である「中華世紀壇」において、日中政界指導者交流式典が開かれた。前夜に続き胡錦濤国家副主席のスピーチがあり、平和五原則の相互確認が強調された。日中関係にとっては大事なところだ。

30日、小泉首相は小幅の内閣改造を行ったが、党三役および主要閣僚は留任し、農林水産大臣は武部勤から大島理森に交代した。その結果、山崎派の閣僚はゼロとなったが、渡海紀三朗文部科学副大臣、木村義雄厚生労働副大臣が起用されたので、派内の不満はいくらか鎮《しず》まった。国対委員長には森派の願い通り、中川秀直が就任した。

10月3日19時より、首相官邸で、小泉首相主催でベトナム共産党マイン書記長歓迎夕食会が開かれた。私も、日本・ベトナム友好議員連盟会長として出席した。日本・ベトナム友好関係は瞠《どう》目《もく》すべき進展ぶりだ。

13日日曜午後、衆議院議員小選挙区山形4区補欠選挙の自民党候補者最終選考のため、山形市にある自民党山形県連本部を訪れた。去る4月、国会議員を辞職し、米国ニューヨーク市にあるコロンビア大学でジェラルド・カーティス教授の下、特任教授となっている加藤紘一の補欠選挙である。参議院議員の岸宏一自民党県連会長および新目視悦幹事長ほか県連幹部と話し合い、自民党公認候補は出さず、過去二度落選の寒河江《さがえ》孝允《たかよし》氏の推薦に止めることにした。不戦敗を嫌がる声もあったが、加藤紘一国政復帰の途《みち》を閉ざさないための配慮を優先した。

同日19時、自民党山形県連本部で記者会見し、その旨発表した。それは小泉も了承済みかという質問が出た。一任を受けていると答えた。23時、小泉首相に電話し、経過報告した。総理は「それで良い」と言った。

17日正午、院内で与党三党の幹事長・国対委員長会議を開き、明日召集される第155回臨時国会の運営について話し合った。召集当日は、13時の開会式に引き続き、衆参両院において小泉首相の所信表明演説が行われることになった。これに対する各党代表質問は10月21～22日に衆議院で、22～23日に参議院で行われることになった。小泉訪朝の成果について質問が集中するだろうと予測された。

同日20時、帝国ホテル601号室で民主党の熊谷弘国対委員長と会い、国会運営について協力を要請した。

18日午後、衆参両院において小泉首相の所信表明演説が行われた。訪朝報告と拉致問題の解決と核開発阻止についての所信が述べられた。日朝平壌宣言に基づき、核・ミサイル・拉致問題の解決と大型経済支援とをバーターとする国交正常化交渉を10月29日に再開するとも述べた。返す返すも残念だが、これが実行に移されなかったので、日朝関係は迷路に入り、後日六者協議に交渉の舞台が移された。

同日19時、広尾のイタリア料理店「ラ・ビスボッチャ」で小泉首相と自民党五役と会食した。所信表明演説は好評だった、拍手が多かったと乾杯した。

22日深夜0時、小泉首相より電話。

「不良債権処理に関する竹中平蔵金融担当大臣の案を否決するようなら、内閣不信任と同じだから、絶対にそのようなことにならないよう頼む」

という依頼だったので、委せてくれと返事した。

27日日曜、統一補欠選挙の投開票が行われた。衆議院の山形4区、神奈川8区、新潟5区、大阪10区、福岡6区、および参議院の千葉選挙区と鳥取選挙区。その結果、最終的に連立与党が5議席、民主党が1議席を占めることになった。加藤紘一が議員辞職した山形4区は、わが党が公認候補を出さなかったため民主党の若手が当選したが、次期衆議院選挙で加藤をカムバックさせるためには、やむをえないと判断した。

11月1日13時20分、首相官邸で、小泉首相と次の諸点について打ち合わせを行う。

一、景気対策のため大規模補正予算を求める党内の声が大きいことに対しては、税収見通し等を見て判断することになった。

二、米国側から要請があり、インド洋の石油補給活動に護衛艦としてイージス艦を派遣する件で、党内根回しを開始した旨報告。首相はこれを諒とした。

三、北朝鮮と国交正常化交渉について、拉致問題の解決が先行要件であるとして延期を通告させたら、11月末再開を先方から要請してきた由、米国側および国内世論を見極めつつ当面慎重に対応することになった。

四、公明党との選挙協力について、東京12区は公明党の太田昭宏国対委員長に一本化し、同選挙区の自民党の八代英太は比例区に回す案を説明。小泉首相はそれには無言だったが、池田大作名誉会長に年明けにでも会ってみたい、とだけ言った。

五、小泉首相より、野田毅保守党党首から自民党との合流の申し出があるとのことであったが、私から「二階俊博幹事長は当面慎重論である」と報告。小泉首相は「それは困ったな」とつぶやく。

六、新年恒例の党大会の1月16日開催案を提案、小泉首相は一任すると言った。

7日11時30分より小一時間、ホテルオークラの「山里」で外務省・長嶺安政参事官の立ち会いのもと、トーケル・パターソン駐日米国大使上級顧問と会食した。その際、パターソン氏から、米国が対イラク戦に踏み切った場合の日本の支援可能性について打診があった。どうやら対イラク戦突入は既定路線のようだ。私から、「国連安保理決議がなければ、日本は動けない。ただ、対アフガン作戦の支援活動を充実させることはできる。たとえばインド洋における燃料補給支援活動にイージス艦を護衛艦として派遣することは可能だ。ただしP－3Cの派遣は無理だ」と話した。

これに対し、パターソン氏は、「露・仏はイラクにおける石油利権の保全を考えている。日本も前向きの取り組みが望ましい。たとえば、トルコやヨルダンへの経済支援を強化してほしい。また戦争終了後、直ちに掃海艇《そうかいてい》を派遣してほしい」と言った。前向きに検討する旨、答えた。

北朝鮮問題については、拉致被害者の一人で帰国した曽我ひとみ氏の夫であるチャールズ・ジエンキンス氏の帰国について聞いたところ、「日本国内の米軍基地（横田か横須賀）で軍法会議にかけることになるだろう。本国送還もありうるが、それを防ぐためには時間をかけたほうが良い」と述べた。私から、日本は北朝鮮の核開発の阻止とともにミサイル凍結にも強い関心がある、と述べたところ、パターソン氏は、米国も日本に基地がある以上同じだ、と言った。

8日17時40分から小一時間、全日空ホテル6階会議室でダグラス・ファイス国防次官と会う。イラク問題が主要テーマで、サダム・フセインがアルカイダに深く関与しているので、米国としては自衛権を発動してアルカイダを率いるビンラディンを拘束する行動をとることを強調した。私からは、この問題で日本も米国を支援することにやぶさかではないが、方法論が難しい。間接的支援になるが、インド洋にイージス艦を派遣することを検討していると話した。

ファイス国防次官は、大型イージス艦を含む在日空母群を中東に回し、合計4隻（ジョージ・ワシントン、エイブラハム・リンカーン、コンステレーション、キティホーク）を集結させる。一方、在米空母群を日本に派遣する。その際、日本が保有するイージス艦4隻中1隻を実質的に編入してほしいとのことだった。これについては、集団的自衛権の行使になるので無理だ、と答えた。北朝鮮問題については、ファイス国防次官は、北朝鮮側がＫＥＤＯの枠組み合意を一方的に破棄したので、重油の提供を停止すると強硬だった。

同日19時、首相公邸で小泉首相と村岡兼造自民党道路調査会長との会談に立ち会う。道路財源

（揮発油税ほか）の一般財源化に反対する村岡に対し、小泉首相は、「一般財源化せずに使途拡大で対応する」と話した。また小泉首相が、

「高速道路9342キロを全部作るとしたら、いったい誰が負担するのか」

と難詰すると、村岡は、

「そのうち1600キロだけは削っても良いが、あとは20年かけて国費15兆円を投入して完成させて欲しい」

と主張した。しつこく迫る村岡に対し、小泉首相は、

「道路公団の民営化を断行する。与党内から強い抵抗があれば、断固解散して民意を問う」

とブラフをかけた。


26日19時、小泉首相から赤坂の小料理屋「津やま」に夕食に誘われる。ここは彼の行きつけの店。おそらく息抜きをしたかったのだろう。いつものように日本酒を3合呑み、私も同量付き合って談論風発となった。小泉首相は、

「在任中は消費税を増税しないと公約したので守らざるをえないが、財政再建のため、4年後くらいには税率アップの必要性があると認めている」

と言った。また、

「解散総選挙は伝家の宝刀だが、少なくとも来年4月の統一地方選挙までは抜かない」

とも言った。私からは、イージス艦インド洋派遣問題は与党党首会談で結論を出して欲しいと

頼んだ。

27日21時、帝国ホテルの一室で民主党の熊谷弘国対委員長と密談。熊谷は与野党再編を熱っぽく語り、「自由党の小沢一郎党首は、民主・社民両党と合流構想を推進している。自分は12月中に10人程度の新党を結成したい」と明かし、「熊谷新党は、有事法制の必要性を主張するつもりだ」とも言った。国会も会期末が近づき、生臭くなってきた。

12月5日10時、首相官邸で、小泉首相、福田官房長官、青木参議院幹事長と私の四者で会期末の懸案処理を話し合った。有事法制三法案は衆議院で、人権擁護法案は前国会に引き続き、参議院で継続審議とすることになった。

同日16時、自・公・保三党党首会談が開かれ、同様のことが確認された。イージス艦派遣も容認された。

13日正午、国会近くの料理屋「山の茶屋」で野田毅保守党党首と会食。保守党離党および自民党復党の相談を受ける。この日は臨時国会最終日で、野田もかなり思いつめた感じだった。「保守党内に慎重論が多く、党首とあろう者が一人だけ離党するわけにはいかない。熊谷新党ができた時に保守党を解散し、何人かと自民党に入る案も考えている」とも洩らした。私からは、とりあえず離党については自重を促した。

同日15時30分、首相官邸に赴き、野田毅の動向を伝える。小泉首相は、

「われわれ3人は当選同期の間柄だから、元の鞘《さや》に収まることは歓迎すべきだが、連立政権を組んでいる政党の党首としての立場も考えたほうが良い。熊谷新党との合流問題は、二階俊博幹事長とも良く相談したほうが良いと伝えてくれ」

とのことだった。

15日18時30分、全日空ホテル812号室で再び民主党の熊谷弘と会う。彼の構想は、次のようなものだった。

一、12月末の予算閣議で来年度予算案の決定後、大安あるいは友引の日を選び、新党を結成する。
二、同時に保守党も解党してもらい、両者合流する。合わせて20人を超える見通しである。
三、人事は、党首・熊谷弘、幹事長・二階俊博とし、海部俊樹、羽田孜、野田毅の三氏は顧問扱いとする。
四、スタート時に、自民・公明両党と政策協定を結ぶが、その前に小泉首相と会い、円安誘導策について提案したい。3月経済危機を突破する必要がある。

同日20時、首相公邸で小泉首相および中川秀直国対委員長と3人で会う。合意事項は、次の通り。

一、景気対策は金融政策を中心に行う。日銀総裁にはデフレ不況対策をしっかりやってくれる人を選ぶ。
二、有事法制は、朝鮮半島情勢に鑑み、次期国会に必ず成立させる。
三、保守党の動向を注視しつつ、与党三党体制を崩さないようにする。

19日正午から1時間半、紀尾井町の料亭「清水」で自民党元老の田村元、後藤田正晴両氏と昼食懇談。田村元氏は、

「小泉首相は固過ぎる。清流に魚住まずだ。ただし議員の定年制は例外なく厳守すべきだ」

などと述べられた。後藤田正晴氏は、

「道路公団の民営化は間違いだ。鉄道よりも公共性が高い。官僚機構は、巨大なシンクタンクとして有効活用すべきだ。君の師匠の中曽根康弘氏は、あまり人に好かれないが見識がある、勉強している、学ぶべきだ」

などと述べられた。

22日19時15分、帝国ホテル835号室で民主党の熊谷弘と会う。保守新党結成に向けてのスケジュールを詳しく話してくれた。民主党からの新党合流組は、熊谷弘、佐藤敬夫、金子善次郎、山谷えり子、江崎洋一郎、以上5人の衆議院議員。政策協定では、内政面では地方分権、環境保全、バリアフリー、社会保障等を重視し、外交面では集団的自衛権の行使を前提とした外交・安

保政策を打ち出す。人事は予定通り熊谷代表、二階幹事長で行く。党名は明日決める、と言った。

25日、保守党が解党し、保守新党が結成された。野田毅、小池百合子、月原茂皓の三氏は参加せず、自民党に合流することになった。いずれにしても画期的なことだ。

拉致問題と六ヵ国協議

２００３年元旦の８時15分、福岡空港発ＡＮＡ２４４便で妻・芙美子とともに上京。９時45分、羽田空港到着後、妻はホテルニューオータニの美容室に直行。私は10時10分、赤坂プリンスホテル１５１０号室で田中均《ひとし》外務審議官と会い、北朝鮮問題について話し合う。私から、

「拉致問題の解決なしに日朝国交正常化はできないが、核ミサイル問題も死活的な安全保障問題なので、真剣な取り組みが必要だ」

と述べた。田中外務審議官は、

「ブッシュ政権の対北朝鮮核兵器開発計画放棄戦略は、国連安保理を通じて北朝鮮に経済制裁を課すことが中心となっている。日本が旗を振ると北朝鮮が硬化し、拉致問題の解決が遠のく可能性がある。一方、核開発阻止の話には日本も入る必要があり、六ヵ国協議の場で取り組むべきだ」

との意見だった。その通りだと思った。

同日11時、妻と宮中の新年祝賀儀に出席し、12時40分、羽田発のＡＮＡ便で帰福した。

4日21時、首相公邸で、小泉首相と新年初の打ち合わせ。総理から、次のような発言があった。

一、次期通常国会での解散は考えていない。総裁選で勝負する。

二、金融政策はやる。日銀総裁は1月末か2月初めに決める。中原伸之氏（金融庁顧問）はくせがありそうだ。福井俊彦氏とは会ったことがない。

三、有事法制と個人情報保護法案は、次期通常国会で必ず成立させたい。

四、北朝鮮問題については、日本としては拉致問題があるが、国際的には核問題が優先する。同時解決が望ましい。

私からは、小泉首相のロシア訪問の際に、朝鮮半島非核化のための六ヵ国協議実現を提案して欲しいと話した。

5日19時、帝国ホテル1516号室で熊谷弘保守新党党首と会う。熊谷は、「ここまできた以上、民主党をミシン針作戦で崩していく」と意気軒昂だった。また、円安誘導政策を記したペーパーを小泉首相に渡して欲しいと私に預けた。

7日18時5分、成田発NH931便で、与党三党幹事長一行が、ホーチミン経由でハノイに向かった。本年も新年早々〝三幹〟の結束を固める旅だった。

9日、ハノイで、ベトナム社会主義共和国トロイカ政治体制の3トップ、ノン・ドゥック・マイン共産党書記長、ファン・ヴァン・カイ首相、グエン・ヴァン・アン国会議長と立て続けに会談した。夜は18時からホテル・ニッコー・ハノイにおいて、越日友好議員連盟（ホワン会長）主催で、日越外交関係樹立30周年レセプションが開催された。日越関係は、中越関係よりも緊密になりつつあるのを痛感し、これは小泉外交の成果になる、と思った。

11日6時30分、成田着。8時、羽田発JAS371便に乗り、9時50分、鹿児島空港着。霧島「緑の村」で10時より開会中の「小里貞利衆議院議員後援会新年会」に駆けつける。11時に到着後、すぐさま1時間講演。再び空港へとんぼ返り。14時50分、鹿児島発JAC166便に乗り、15時45分、福岡空港着。地元の各種団体新年会をはしごして、最後は18時すぎ、加地邦雄県議後援会新年会（於とり勝）に飛び込み出席。この一日はたいへんな強行軍で疲労困憊《こんぱい》した。

新年靖国参拝のウラ

1月14日14時、小泉首相が突如、靖国神社に参拝した。新年早々とは意表を衝いた。

同日18時30分、大手町のファーストスクエアビル23階で開かれた、新聞・通信7社のトップの会合に出席。読売新聞の渡邉恒雄氏が突然、倒閣宣言を行った。冗談かと思ったら、飯島勲《いさお》首相秘書官が「読売新聞に使途不明金が40億円ある」とでたらめな情報を週刊誌に流したからだ、と言われた。わけがわからないので、事実関係を調べてみる、と答えた。

15日7時、熊谷弘保守新党党首より次のような電話があった。

一、イラク情勢については、英国が詳しい。政権中枢の者を英国に派遣し、実情を探らせるべきだ。自分が行っても良い。

二、米国のドル安は、連銀の金融緩和策によるものだ。これに対処する日銀の緊急対策が必要だ。

その日の18時13分、小泉首相に電話する。

一、熊谷提案を伝言。

二、渡邉恒雄氏の倒閣宣言の真意を伝える。小泉首相の電撃的靖国参拝の所為《せい》ではないと。

これについて小泉首相は、「(靖国参拝の件を)事前に誰にも相談しなかったのは、反対されると行けなくなるからだ」と釈明した。使途不明金のことは知りもしないし、飯島がそんなことをするわけがない、とにべもなかった。また、公明党の神崎代表・冬柴幹事長組、および保守新党の熊谷党首・二階幹事長組とそれぞれ会食したいとの意向だったので、近日中にアレンジすると答えた。

16日13時30分、キャピトル東急ホテル７１６号室で、与党三幹事長の打ち合わせを行った。小泉首相の靖国参拝問題を報告するとともに、近日中に訪韓し、盧武鉉《ノムヒョン》次期韓国大統領と会談する予定であることも伝えた。

17日、川口順子外務大臣より電話。曰く、「韓国新大統領は小泉首相とできるだけ早く対話して、日韓間に横たわる諸案件を解決したいと言っている。まず、党で解決案をまとめ、国民を説得して欲しい。さもなくば小泉首相の訪韓日程の調整に入れない」

20日、第１５６回通常国会が召集された。平成14（２００２）年度補正予算の審議が先行することになった。塩川正十郎財務大臣の財政演説だけ行われた。

23日正午、銀座のてんぷら屋「天一　本店」で、福本邦雄氏より昼食をご馳走になった。日銀総裁人事が話題になると福本氏は、「中原伸之氏はハーバード大学大学院修了でたいへんな秀才だが、エキセントリックなところがあり、『四柱推命学』なるものを信じている。私は福井俊彦氏を推薦する」と自説を述べた。

24日19時30分、赤坂の中華料理店「維新號」で小泉首相と自民党五役が会食。総理は「電光《でんこう》影裏斬春風《えいりにしゅんぷうをきる》」という掲額を見て、「俺もこれで行く」と言った。何事にも泰然自若《たいぜんじじゃく》で行くという意味らしい。

27日17時、院内総裁控室にて自民党役員会を開催。小泉首相が出席して、ブッシュ大統領との電話会談の模様が披露された。

一、ブッシュ大統領より、天皇の御病気についてのお見舞いのメッセージがあったこと。
二、北朝鮮問題について、ブッシュ大統領より、北朝鮮の核開発は日本の安保にとって重大テーマであり、何としても阻止すべきであるとの発言があった。私より、平和的解決・外交的解決を支持し、日米韓連携で対処すべきだと述べ、意見が一致したこと。
三、イラク問題について、ブッシュ大統領より、イラクは大量破壊兵器に係る査察に非協力であること。武力行使については未決定であるが、緊密に連携して行きたいとの申し入れがあった。私より、イラクの自発的廃棄を望むが、国際協調下の取り組みが重要であると述べ、意見が一致したこと(私が受けた印象は、ブッシュ大統領は武力行使に踏み切る方向に決意を固めているようだった)。

改革なくして成長なし

1月29日19時~21時30分、銀座のてんぷら屋「天一山」で小泉首相と会食。総理は、「本国会では全法案の成立を期す、有事法案を成立させる、民主党とは妥協しない」と意気軒昂だった。また衆議院解散については、内閣不信任案が成立しない限りしない、と言った。その他、小泉首相に盧武鉉新大統領の就任祝賀会への出席招請があるが、民主の菅直人や社民の土井たか子も出席するようだ。公明の冬柴幹事長もメンバーである与党三幹事長の訪韓を先行して欲しいとのこと。

これについて私から、保守新党の二階幹事長も野中広務・古賀誠からレイテ島行きを誘われているが、訪韓日程を優先させると言っていることを伝えた。

31日13時、衆議院本会議場で、小泉内閣総理大臣施政方針演説が行われた。長期化しつつあるデフレ不況からの脱却のため〝改革なくして成長なし〟というキャッチフレーズの下に、聖域なき構造改革を推進すると力説した。

2月6日正午、赤坂プリンスホテルの「トリアノン」で、外務省の長嶺参事官立ち会いのもと、再びトーケル・パターソン駐日米国大使上級顧問と昼食。パターソン氏曰く、
一、韓国の盧次期大統領の初外遊が米国でなく、中国、ロシア、北朝鮮、日本よりも後になれば問題だ。
二、北朝鮮の核開発は金日成の時代に始まっており、ずっと継続している。途中で止めたことはない。ＫＥＤＯの枠組みも虚構である。
三、イラク問題は、サダム・フセインが国連の査察にまともに応じないので、事態は急迫している。
私からは、イラク攻撃は無条件では支持できない、国連決議が欲しいと牽制《けんせい》した。

9日16時、成田発ＮＡ９１７便で与党三党訪韓団がソウルに向かって出発。18時30分、仁川《インチョン》

空港着。

10日10時40分、ロッテホテルで盧武鉉次期大統領と会見。盧武鉉氏が就任後の初外遊は、中国、米国、日本の順だと言ったので、私から、

「同盟国の米国にいちばん先に行くべきだ、その帰りに日本に寄ってもらいたい。中国はその後で良い」

と助言。冬柴・二階も同調した。

12日19時、小泉首相と公明党の神崎代表、13日19時には、小泉首相と保守新党の熊谷弘党首との会談が、それぞれ首相公邸であり、同席した。神崎代表は、米国がイラク攻撃に踏み切ることに慎重な立場だったが、熊谷党首は逆に積極的だった。

17日18時30分、ホテル西洋銀座1234号室で、氏家齊一郎氏の立ち会いのもと、参院の青木幹事長と会う。青木の小泉批判は強烈だった。

一、小泉は自民党を本当に壊した。自民党支持の各種団体で参院比例区出馬は少数になった。
二、私の参院本会議における代表質問は、皆の不満のガス抜きをやった。小泉政治について行く者は少数だが、いまさら小泉を見放すわけにはいかないだろう。
三、6月に閣僚の総入れ替えをやるべし。野中広務や亀井静香のような不満分子も入閣させるべきだ。小泉－山崎ラインを維持するためにもだ。

22日15時50分、官邸で小泉首相と会う。総理の意向は次の如くだった。

一、イラク問題は、米国支持以外にないと思う。日米の対応を北朝鮮が見ている。
二、政治資金問題は、公共事業関係業者からの献金制度の制限を行うなど、少しでも前進させて欲しい。
三、国会議員の定年制（選挙立候補資格）は、73歳に設定しよう。ただし特例は選挙直前に決めよう。

24日11時45分から小一時間、赤坂の米国大使公邸において、ベーカー駐日米国大使立ち会いのもと、与党三党幹事長がパウエル国務長官と会う。私から「イラク大量破壊兵器に関するブリックス国連査察団の報告を3月7日まで待つ。武力行使を行う時は、国連決議が必要だ」と主張したところ、パウエル氏からの答えは「イラクが大量破壊兵器を保有していることはもはや疑いようもない。新しい国連決議が取れない場合は、国連決議678号、1441号の併用で行く」ということであった。また、「イラクの大量破壊兵器は、この地域（含イスラエル）の最大脅威となる」とも説得された。

26日19時30分、南麻布の料亭「有栖川　清水」で小泉首相、中川秀直国対委員長と会食。私から、パウエル国務長官は、国連決議のあるなしにかかわらずイラク攻撃に踏み切るつもりだ、と報告したところ、小泉首相は、日本の支持は3月7日以降に決断したいと述べた。その後の手順は、米側通告→国家安全保障会議→政府・与党連絡会議→閣議の順で合議し、支持を決めることにした。

3月5日17時、小泉首相、福田官房長官と国会対策の打ち合わせ。ご両人から大島理森農林水産大臣の秘書の政治資金規正法上のトラブルによる進退問題について、党内の意見が割れているので収拾してくれ、とのこと。

7日（日本時間8日未明）、ブリックス国連査察団報告は、「イラクはさらに廃棄に関する記録を提出すべきであり、これまでの情報は限られたものである」旨改めて指摘するに止《とど》まり、もはや査察の継続は無意味なものとなった。

10日12時48分、小泉首相より電話。

「大島理森農水相は更迭したくないので、青木参院幹事長に守ってくれるよう頼んでくれ」とのこと。すぐに参院幹事長室に青木幹事長を訪ね、伝言。青木は「守れと言われれば守る」と答えてくれた。

11日17時45分、首相官邸において与党党首会談が開かれ、小泉首相より、イラク開戦についてのブッシュ大統領との電話会談の内容が披露された。それによると、ブッシュ大統領は対イラク軍事制裁について、国連安保理で非公式協議が継続中だが、米国としては英国および日本の同意があれば近々のうちに踏み切るつもりだ、支持して欲しい、とのことであったので、「支持する」と答えたとのこと。公明党、保守新党の両党首とも「異存なし」とのことであった。

13日15時20分から約1時間、首相官邸で、野党各党との党首会談が開かれ、米国の対イラク武力行使の是非について押し問答が行われたが、小泉首相が押し切った形になった。

17日14時30分、首相官邸で小泉首相、福田官房長官と次の3点で打ち合わせを行った。

一、米英軍の対イラク侵攻開始は目睫《もくしょう》の間《かん》に迫ってきたので、これを支持する声明を出すことについての与党内了承手続きを急ぐこと。

二、大島農林水産大臣元秘書の政治献金流用疑惑について、解明を急ぐこと。

三、歳費1割カットは延長継続すること。

18日は、

12時15分、小泉首相と自民党五役との協議

12時45分、与党党首会談

14時45分、与党イラク・北朝鮮問題協議会

16時、自民党総務会

という予定を次々とこなし、前日の打ち合わせ通り、米国の対イラク開戦支持の与党内手続きを完了した。

20日10時、米英両国軍がイラク攻撃を開始した。

同日13時より衆議院本会議において、小泉首相からイラクに対する武力行使後の事態への対応について報告を聴取し、質疑が行われた。参議院本会議においても深夜に及んだが、同様の質疑が行われた。小泉首相は、

「わが国としては国際社会の責任ある一員として、米国をはじめとする国々による行動を支持することが国益にかなうとの結論に達した」

と主張した。

24日、米国大使公邸においてベーカー駐日米国大使、トーケル・パターソン米国大使上級顧問、ダニエル・シールズ政務担当公使代理らと与党三幹事長の朝食会があった。ベーカー大使からイラク戦の戦況報告と、戦争終了後の復興支援協力要請があった。これに対し私から、わが国の支援には、国連決議を受けての特別措置法の制定が必要である、と答えた。

30日18時、首相公邸で小泉首相と夕食懇談。総理より、「明日13時過ぎに大島理森農水相より辞表が出る。後任を誰にするか」と聞かれる。私から盟友・亀井善之を推挽したところ、それでいこうとなった。

その他、
一、統一地方選挙の間は国会休戦なし、応援にも行かない。

二、内閣改造はやらない。幹事長、官房長官は両方とも経世会に渡さない。
三、本国会中の解散はない。有事法制関連三法案、個人情報保護関連五法案は必ず成立させる。そのために必要なら、大幅会期延長をやる。

等の話が出た。

31日18時30分、築地のふぐ料理店「つきじやまもと」で氏家齊一郎氏の声掛かりで青木幹雄、石原慎太郎東京都知事、藤井孝男衆議院議員と会食。「やまもと」はふぐ専門なので、4〜9月の6ヵ月は閉店するという店だ。

この席で石原慎太郎から、

「日本は外国人犯罪の巣窟《そうくつ》になった。入管（入国管理）の仕事は、法務省でなく警察に移管すべきだ。この件で小泉首相と3人で呑みながら話したい」

と頼まれた。

郵政公社発足披露パーティ

4月1日18時30分、帝国ホテルで行われた郵政公社発足披露パーティに小泉首相も出席した。引き続き、19時30分から首相官邸5階ホールで小泉首相と自民党役員会メンバー約20人との会食があり、小泉首相は、

「郵政公社発足は、郵政民営化の一里塚に過ぎない」

と言い放ったが、郵政公社は法律上、試行期間4年となっているので、皆内心、小泉首相在任中に民営化は無理だと思っているに違いなかった。

2日8時半、ホテルオークラ「山里」で与党三幹事長、三国対委員長で朝食会。国会運営について話し合うが、小泉首相の意を体《たい》して、統一地方選の最中も国会審議を続けることにした。

4日、地元福岡の県・市議選の出陣式に駆けつけた。小泉人気のおかげで自民党公認候補に勢いが見られた。

同日21時30分、小泉首相より電話。4月27日投票日の衆参統一補選に限り、国会中ではあるが、国会議員の応援をやりくりして必勝を期すようにと言われた。私から、

「今日は金曜日だが、統一地方選挙県議選・政令都市市議選の出陣式の日だったので、国会は休戦した。今日審議しても、定足数が確保できなかったと思う」

と、われながら弁解がましいことを言った。

10日17時、日本テレビ本社「四阿」で、氏家齊一郎氏、森喜朗、青木幹雄と会食した。森・青木両氏から、6月に内閣改造するよう小泉首相に進言するように迫られた。また、両氏から、

「君の幹事長留任は容認するが、村岡兼造を副総裁にしてもらいたい」

とも言われた。

同日19時、首相官邸4階会議室で与党三党首会談が開かれ、三幹事長が同席した。冒頭、小泉首相は、この日、ロバート・フェルドマン氏（米国の経済評論家）と会ったこと、同氏が日本経済はデフレスパイラルには陥っていないという認識を示したことを披露した。

本題のイラク支援については、小泉首相が「イラク戦争は終局に近づいたので、戦後復興に協力したい」と述べたところ、公明党の神崎武法代表は、どんな支援活動も必ず国連決議に基づいてやるべきだ、と主張した。私から、ゴールデンウィークに三幹事長で中東を訪問して臨場感をもって議論したいと提案したところ、小泉首相が賛成した。

13日17時30分、全日空ホテル701号室で、与党三幹事長と大森敬治、谷内正太郎両官房副長官補と、イラク特別措置法制定の準備会合を開いた。国連安保理決議の問題がネックになりそうだ。

15日11時、衆議院補欠選挙東京6区の越智通雄候補の出陣式に駆けつけた。

17日19時30分、代官山の洋食店「小川軒」で、小泉首相と村岡兼造自民党道路調査会長とのマル秘会合に立ち会った。村岡から、

「全国高速道路整備計画9342キロ中、7000キロは削って良い」

と新たな提案が示された。小泉首相はこれに直接答えず、

「関係企業のリストラを徹底的にやってほしい」

とだけ言った。

村岡は帰り際に、7月末まで国会の会期を延長し、その直後に内閣を改造すべきだと注文をつけた。

20日20時、帝国ホテル1589号室で民主党の岡田克也幹事長と会う。有事法制関連法案と個人情報保護関連法案の取り扱いについて協議した。

私から、アルコールを呑みながら話をしようと持ちかけたが、岡田はコーヒー一杯だけなら付き合うと応じた。評判通りのなんと固い男だろう、と改めて思った。私から統一選終了後の4月28日から両法案の修正協議に入り、5月6日の週に通過させたいと申し入れたら、岡田はそれは無理だ、とにべもなかった。それでは2人で修正協議をやろうということで、とりあえず合意した。

また、松浪健四郎代議士が秘書給与を親しい会社に肩代わりさせていた問題で、岡田が辞職勧告決議案を出すというので、私は、自民党は否決する方針なので、それよりも政治倫理審査会で決着をつけようと逆提案した。さらに岡田から、自民党が民主党から引き抜き工作を行っているとクレームをつけられたので、ちょっと困った私は、秋の自民党総裁選挙後に政界再編がありうるよ、とはぐらかした。

24日11時30分～12時10分、首相官邸で小泉首相に岡田との会談結果を報告。首相は、「政界再編については総裁選挙の結果次第だ。内閣改造も同様だ。ただし政策転換はしない」と言った。また、政治資金制度改革法案も本国会中に成立させて欲しい、との指示があった。

25日12時、ホテルオークラ12階「ラ・ベル・エポック」で、トーケル・パターソン米国大使上

級顧問、外務省の長嶺参事官と昼食。パターソン氏は、

「5月23日までにイラク特措法を成立させられないか、1000人規模の自衛隊員のイラク派遣を期待している」

と言った。私から、とにもかくにも新しい国連決議が必要だと答えた。

27日17時30分、全日空ホテル701号室で与党三幹事長と大森・谷内両官房副長官補で、有事法制関連法案の修正協議を行った。法案名が〝武力攻撃事態対処法案〟では直截的すぎるという意見もあったが、このままで行くということで合意した。

国際協力の最前線へ

4月28日13時、成田発JL407便で与党三党幹事長（山崎、冬柴、二階）の中東訪問の旅に出た。

29日6時35分、フランクフルトで乗り換えたEK044便でドバイ空港に到着。同日、一日かけてハリーファ・アブダビ皇太子、ハムダーン外務担当国務相、ムハンマド・ドバイ皇太子、アラブ首長国連邦キレディ連邦国民評議会議長らと会談した。いずれも米・英有志連合によるイラクに対する軍事制裁に異存がなかった。

30日9時30分、フジャイラ首長国を訪れ、オマーン港に面するフジャイラ湾を拠点とする海上自衛隊アフガン協力支援活動（インド洋補給支援活動）部隊を視察。同日14時、ドバイ発EK857便でクウェートに向かう。14時40分に到着後、16時ムハンマド外務担当国務相と会う。彼の

サダム・フセイン大統領に対する批判は強烈だった。

5月1日、イラクのウンム・カスル市を訪問。この日、ブッシュ大統領はイラク戦争の戦闘終結宣言を行った。イラク唯一のペルシャ湾に面したウンム・カスル港を視察した後、急ごしらえの市評議会のメンバー数人と懇談。いずれもフセイン政権と決別した喜びと、先行きに対する不安がないまぜになった表情をしていた。ウンム・カスル公立病院を視察し、被弾して重傷の少年を英国の病院に搬送することを、英国軍が設置したCHOC司令部に要請した。これは直ちに実行に移された。

2日13時35分、クウェート発KU615便でカタールへ。14時40分、ドーハ着。17時、米国中央軍ピアジンスキー准将を表敬訪問。同准将は、イラク戦争の戦闘はとりあえず終結したが、湾岸地域の一触即発状態は続いていると語った。

3日、カタール首長国のホレイフィ諮問評議会議長、ハマド首長、アティーヤエネルギー・工業相らと会談。日本‐カタール間の直行便の開設要望があったが、元運輸大臣である二階が本件について直ちに本省（国土交通省に改組）に連絡を取り、かつ前向きな処理を指示した手際に心から敬服した。

私からは、2006年にカタールで開催が決まっている第15回アジア競技大会の種目に、女子ソフトボール競技が採用されるよう要請した。善処方回答があり、私のサイドワークである日本ソフトボール協会会長としての役割を果たすことができた。同日23時30分、ドーハ発GF519便でパリに向かい、パリに半日滞在後の4日20時、NH206便で発ち、5日14時40分、成田着。

同日18時、全日空ホテル701号室で、三党幹事長と谷内・大森両官房副長官補の打ち合わせを行い、イラク特措法の早期提出を申し合わせた。

6日12時、政府与党連絡会議。15時、与党テロ対策協議会（いずれも於院内常任委員室）で、三幹事長の中東訪問の報告を行った。

8日14時30分〜15時10分、首相公邸で小泉首相、福田官房長官と打ち合わせ。

一、有事法制三法案について

私より、「本日参考人の意見聴取が行われたが、民主党と修正協議のうえ、来週中に衆議院を通過させたい。民主党が賛成に回るなら党首会談を行って決着したい」と提案した。

二、イラク復興支援立法について

私より、法案作成の前提条件として国連決議が必要であることを、重ねてベーカー米国大使に要請したこと。小泉首相の訪米（5月22〜23日）までに提出の目処をつけたいこと。また成立のためには、約1ヵ月の会期延長が必要であること等を述べた。

これに対し小泉首相から、「現行法で自衛隊をイラクに出せないか?」という発言があったが、福田官房長官が「それは無理だ」と答えた。

三、内閣改造について

私から、森・青木・村岡各氏から早期内閣改造（できれば6月）の要請があることを報告。小泉首相は、

「自民党総裁選が終わるまでやらない。やる時は、改革に協力してくれる者を閣僚に採用する。森・青木両氏とは来週会い、その旨を伝える」

と言った。

15日22時30分、小泉首相より電話。この日の夜、森・青木・中川三氏と会談した模様を伝えてくれた。曰く、「総裁選の若干の前倒しに応じる。総裁選の前に挙党一致体制の確立を打ち出す。総裁選の直後に内閣改造する。幹事長更迭には応じられないが、ほかの二役は代える」以上を合意した由、ホッとした。

18日17時50分、成田発ＪＬ789便で与党三党幹事長揃って北京に向かう。20時30分、北京着。真っ直ぐ釣魚台国賓館に向かう。中国共産党の王家瑞《おうかずい》中央対外連絡部（中連部）部長が出迎え。暫時懇談。

19日15時15分より約1時間、胡錦濤国家主席と会談。冒頭、胡錦濤国家主席よりＳＡＲＳ（重症急性呼吸器症候群）猖獗《しょうけつ》中の北京訪問を感謝された。小泉首相からの親書を手交し、5月末日ロシアのサンクトペテルブルグにおける日中首脳会談の実現と成功を祈っていると挨拶した。

また、イラク復興支援のための安保理決議の成立への尽力も要請した。その他、北朝鮮問題については、中国主導で六ヵ国協議が早期にスタートするよう要請した。

この日は、黄菊《こうぎく》副首相（政治局常務委員）、唐家璇国務委員、王家瑞中央対外連絡部長、李肇《りちょう》星《せい》外交部長らと立て続けに会談した。

20日8時10分、北京発ＪＬ７８０便で帰国の途につき、12時30分成田着。

22日、国連安全保障理事会は、米英等が提案した対イラク制裁解除・戦後統治決議案を全会一致で採択した。同日18時、浜松市のホテルで開催された「熊谷弘君保守新党代表就任祝賀会」に出席した。熊谷も政界の荒波に揉まれて海千山千の大政治家になったが、前途多難ではある。

28日19時、平河町の料亭「中置」で民主党の前原誠司、樽床《たるとこ》伸二両代議士と会食。渡海紀三朗代議士が、新党さきがけ時代からの両氏とのお付き合いでお膳立てしてくれた会合である。イラク特措法国会提出について理解と協力を求めた。両氏とも思考に柔軟性はあるが、当事者能力には疑問符がついた。

29日12時、赤坂プリンスホテル「トリアノン」で小泉首相と与党三幹事長が昼食。総理から、国連決議に基づき、「イラク復興支援特別措置法（イラク特措法）」の制定を急ぐよう要請があった。

6月2日19時、全日空ホテル７０１号室で、与党三幹事長と大森官房副長官補でイラク特措法案の準備状況をチェックする。

4日21時、小泉首相より電話。曰く「『有事法制三法案』が成立して、米国にもものが言いやすくなった。イラク特措法案も米国の言う通りにする必要はない」とのこと。

5日19時30分、全日空ホテル812号室で、三党の幹事長と政調会長が、谷内・大森両官房副長官補および増田好平防衛審議官よりイラク特措法案の骨格について説明を受ける。

7日15時、赤坂プリンスホテル新館1110号室で小泉首相と福田官房長官と三幹事長が打ち合わせ。首相より、新しい国連決議も出されたので、これに基づき、わが国もイラク復興に関し、国力に相応《ふさわ》しい貢献をしたいとの発言あり。また福田官房長官より、新イラク特措法案は6月13日に閣議決定したい、同時にテロ特措法は2年延長したい、との発言があった。

9日20時、帝国ホテル1216号室で民主党の岡田幹事長と会う。イラク特措法案の6月13日国会提出の件を伝えた。岡田は次の諸点を指摘した。

一、この法案の目的に引用されている国連決議に疑問がある。678号、687号は湾岸戦争時のものだし、1441号はイラクの武装解除を求めるもので不適当。1483号のみイラクの復興支援に関するもので引用可能ではある。
二、現地調査団を派遣する必要は特にない。
三、党内旧社会党系は有事法制の時はさほど反対しなかったが、今回は強く反対しそうだ。
四、これを審議する特別委員会の野党側筆頭理事は、中川正春政調会長代理とする。

同日22時、小泉首相より電話。曰く、

「今まで、森・青木・中川三氏と会っていた。青木参院幹事長は、イラク特措法を必ず成立させるためには大幅な会期延長が必要だ。8月いっぱいまで欲しいと言われたが、7月いっぱいの審議でなんとか成立させて欲しいとお願いした。また彼らは、『幹事長留任は仕方ないが、総裁選直後に人心一新の挙党一致内閣を作ってくれ』と言っていた。改革協力内閣なら良いと答えておいた」

とのこと。

10日18時30分、汐留《しおどめ》の「ツインパークス」にて氏家齊一郎氏の立ち会いで、青木幹雄、森喜朗両氏と会う。青木から、会期延長は8月いっぱいと流せ、7月いっぱいで決着させる。森から、規制改革は棚上げしたほうが良い、と言われた。

12日19時30分、銀座コアビル7階にあるイタリア料理店「エノテーカ・ピンキオーリ」で小泉首相、氏家齊一郎氏、日本医師会会長の坪井栄孝氏の4人で会食。坪井会長から、医業への株式会社参入は、特区、先進医療、自由診療に限定してほしいとの要望があったのに対し、小泉首相は、どの場合でも必ず具体例を作って欲しいと答えた。

氏家氏からは思いがけなく、「挙党体制構築のため、次期内閣改造の際に君が幹事長を引けば男になる」と言われた。一瞬、氏家氏に裏切られたかと思ったが、すかさず小泉首相が、「その手に絶対に乗ってはだめだ」と切り返してくれた。また、小泉首相は総裁選について、「俺は何が何でも再選されたいと思っているわけではない。誰でも立って挑戦すれば良い。どんと来いだ」と言った。

13日、「イラクにおける人道復興支援活動及び安全確保支援活動の実施に関する特別措置法案」（イラク特措法案）が国会に提出された。同時に実施期間2年延長のためのテロ特措法改正案も提出された。

16日18時、首相官邸で与党三党首会談が行われ、イラク特措法案並びにテロ特措法改正案両法案の本国会成立とそのための会期延長を40日間、7月28日までとすることを申し合わせた。

17日13時、衆議院本会議で会期延長の議決が行われた。15時、小泉首相より電話があり、「イラク調査団の人選は慎重を期し、団長は君の意を体する人にしてくれ」とのこと。

18日14時、小泉首相に電話。私から、「イラク調査団の団長は、杉浦正健《せいけん》氏にしたい」と提案したら、首相は「それなら良い」と答えた。また私から「特区は高度先進医療のみにしてほしい。坪井日医会長との約束だ」と言ったら、小泉首相が「わかっている。表現ぶりを考える」と言った。

19日18時からファーストスクエアビル23階で、読売新聞の渡邉恒雄氏主催のマスコミ7社トップ会に出席。内閣改造が話題となったが、渡邉氏曰く、

「昔話だが、川島正次郎によれば内閣改造は全員とし、その直後に解散・総選挙が良いと言っていた」

とのこと。

同日20時50分から約1時間、TBSビル地下「グラナータ」で小泉首相と懇談。さっそく、渡邉恒雄氏の話を紹介した。それに対し小泉首相は、「山崎幹事長と竹中平蔵大臣以外は全員代える」と言い、さらに、「政策転換はしない。抵抗勢力とは妥協しない。対決したほうが良い。総裁選挙には対立候補が出たほうが良い」とまで強弁した。私から、総裁選挙は前倒し実施でも、9月12日（大安）を投票日とし、解散・総選挙は、10月26日を投票日として参議院補欠選挙の投票日と兼ねたらどうかと提案した。

24日13時からの衆議院本会議で、イラク特措法案とテロ特措法改正案の趣旨説明聴取および質疑が行われ、直ちに「イラク人道復興支援並びに国際テロリズムの防止及び我が国の協力支援活動等に関する特別委員会」に付託《ふたく》され、その後、連日熱心な質疑が行われた。

30日21時15分、ホテル西洋銀座1120号室で小泉首相、中川秀直国対委員長と打ち合わせ。首相は二法一括処理のため解散辞せずと言ったが、中川国対委員長は一括処理は無理なので、テロ特措法改正案のほうは10月の臨時国会で処理させて欲しいと言った。

2003年解散・総選挙

7月1日13時30分、首相官邸で小泉首相および福田官房長官と協議し、総裁選の前倒しと9月中旬に臨時国会を召集することを申し合わせた。

2日15時30分、官邸で再び小泉首相と会う。首相は、次のように言った。

一、本国会は解散せず、臨時国会を9月16日頃に召集する。10月10日解散、11月9日投票にしたい。
二、総裁選は必ずやる。8月31日～9月12日の間にやりたい。

と、政局運営について述べた後、国会運営について次のように指示を出した。

一、イラク特措法案、テロ特措法改正案、両法案を必ず成立させること。
二、強行採決は避けること。
三、国会運営（日程）は委せるが、10月以降の解散権行使を実質的に制約しないこと。

3日19時からホテルオークラ「さざんか」で、小泉首相の招宴で与党三党首、三幹事長の会食があり、小泉首相から前日の指示内容に沿った話があったが、公明党から両法案一括処理は難しいと釘を刺された。

4日、衆議院本会議で、イラク特措法案が賛成多数で可決。参議院に送付され、テロ特措法改正案は継続審議扱いとなった。

5日22時30分、小泉首相より電話。曰く、

「明日、幹事長は『報道２００１』に出演するそうだが、総裁選前倒し案を否定してほしい」

とのこと。内閣改造および臨時国会召集を早める動きを牽制したいものと受け止める。

6日7時30分、フジテレビ『報道２００１』に出演。司会の黒岩祐治氏が政局を話題にしたので、総裁選の日程は予定通り9月後半だと発言。同日20時、帝国ホテル「なだ万」で村岡兼造と会食。村岡が関心を示す総裁選については、前倒しせず予定通り行うと話す。

7日15時30分、小泉首相より電話。曰く、

「17時からの自民党役員会で、総裁選前倒しせずと宣言したい」

小泉首相の政局運営のカンは抜群だ。同日21時、ＴＢＳビル地下「グラナータ」で小泉首相、村岡兼造と会食。総裁選投票日は9月20日で調整することになった。22時、冬柴公明党幹事長が加わる。皆酒が滅法《めっぽう》強い。

8日19時30分、築地で村岡兼造、野田毅両代議士と会食。2人とも初当選同期の気の置けない仲だ。そのせいか村岡は、「副総裁はやりたくない。議長をやりたい」と本音を漏《も》らした。

15日11時、衆議院第15控室で自民党総務会。野中広務、野呂田芳成、岩井國臣《くにおみ》、桜井郁三、平井卓也衆参各議員より、道路公団および郵政公社の民営化について強い反対意見が開陳された。小泉首相言うところの「抵抗勢力」の面々だ。

18日14時、小泉首相より電話。曰く、

「中川国対委員長より電話で、来週は野党側から内閣不信任案が提出され、大混乱になるだろうとのことだ。イラク特措法案が成立すれば良いと答えておいた」

とのこと。私から「野党側は解散させたいのだが、解散してはいけない」と言ったら、小泉首

相は、「わかっている」と答えた。

20日9時、NHK『日曜討論』、10時、テレビ朝日『サンデープロジェクト』に出演。『サンデープロジェクト』で田原総一朗氏から、イラク特措法案の問題点（国連決議との関係等）を指摘される。いつもながら鋭い。同日20時30分、全日空ホテル３３１０号室で民主党の岡田克也幹事長と会う。岡田から、

「野党側は、７月22日に内閣不信任案を衆議院に提出する。23日の本会議で処理してくれ」

との申し入れを受ける。「整斉として否決するのみ」と答えた。

22日10時、小泉首相より電話。「イラク特措法案は成立するか？」と聞かれる。私は、「不信任案は否決し、必ず成立させる」と答えた。また埼玉県知事選挙は「嶋津昭候補でなく、坂東眞理子候補に相乗りすべし」とのこと。彼の選挙カンは鋭いので尊重せざるをえない。

同日11時40分、党本部幹事長室に、中国大使館の程永華《ていえいか》公使が来訪。北朝鮮問題についての情報提供があった。

「北朝鮮は、米朝非公式協議があれば多国間協議に応じる構え。まず第2回中・米・朝三者協議をやり、その場で六者協議を提案する予定だ」

とのこと。いよいよ、六者協議実現の運びとなってきた。

24日17時から30分間、首相官邸で、小泉首相と国会運営その他について詰めの協議を行う。合

意した点は次の通り。

「イラク特措法案は必ず成立させる。万一継続審議になれば、直ちに臨時国会を召集し、テロ特措法改正案も一緒に成立させる」

また小泉首相は、

「本国会での解散論が多くなったが、絶対にしない。総裁選挙はやらないと自民党批判が強くなる。藤井孝男が立候補意欲を燃やしていると聞くが大歓迎だ。7月28日の国会終了直後、森、青木、中川三氏と会う。全面内閣改造を要求すると思うが、挙党体制を確立するとだけ言う」

などと言った。

私からは、臨時国会冒頭解散をすすめた。理由として、景気対策としての補正予算要求が強くならないうちが良いことを挙げた。

26日未明の本会議において、「イラク人道復興支援特別措置法案」（イラク特措法案）が賛成多数で可決・成立した。やれやれだと思った。

28日20時30分、帝国ホテル1523号室で民主党の岡田幹事長と会う。本日をもって190日間の通常国会を終えたので、今後の政治日程について意見を交換した。岡田は、

「衆議院解散の時期については、10月解散がもはや既定路線となった。うまいやり方だ。ただし、臨時国会冒頭の予算委員会でマニフェスト論争をやり、選挙の争点作りをしたい。そのためには、9月26日召集では遅すぎる。補欠選挙最中の解散になる可能性がある。共産党から告訴さ

れるかもしれない」

「埼玉県知事選挙は、民主党は上田清司《きよし》で行かざるをえない」

などと話した。

29日13時、首相官邸で小泉首相と会う。さっそく、昨夜の岡田幹事長の発言内容を報告する。小泉首相からは、まず埼玉県知事選挙について「自民党は嶋津昭でなく坂東眞理子で行こう」との意向が示された。また前夜、青木・森両氏との会談の中身は次の通りだったとのこと。

「青木さんが、次の人事で山崎幹事長、竹中大臣を更迭し、幹事長を副総裁に昇格させ、後釜の幹事長に村岡さんを、という案を強く主張した。森さんは、拓さんが小泉首相のために自ら身を退《ひ》くように説得する、と言っていた。適当に受け答えしておけば良い。御両人は、この話の返事はお盆前後までに聞きたいとのことであったが、返事をするつもりはない。どうせ総裁選後の話だ。総裁選は予断を許さない。万一俺が負ければ、政界再編になる」

「郵政公社民営化を平成19年4月と言ったのは、4年後ということ。生田正治現総裁は、最初で最後の総裁ということになるだろう」

8月4日15時、小泉首相より電話。

「埼玉県知事選挙で自民党県連は嶋津を推薦してきた。党本部は推薦なしにしてくれ。坂東は僕の直属の部下だった。見殺しにはできない」

とのこと。

同日20時、全日空ホテル３５０３号室で保守新党の熊谷弘代表と会う。熊谷は自民・保守新党の合併を提起した。

5日12時、赤坂プリンスホテル「トリアノン」で、二階俊博、古賀誠と会う。両氏とも自民党と保守新党の合併は、拙速は避けたほうが良いという考えだった。

6日9時、全日空ホテル８１２号室に与党三党幹事長集合。8月27～29日の間に、三党間で共同候補の第一次推薦を決めると申し合わせた。秋の政局に向けて、各党ともギアが入ってきた。

11日18時30分、日本テレビ本社のゲストルーム「厨」で渡邉恒雄氏、氏家齊一郎氏と会食。渡邉氏と森前首相、青木参院幹事長とが事前に打ち合わせ済みと思われたが、渡邉氏から、

「君は副総裁を引き受けるべきだ。同時に竹中を辞めさせなければ、年内に内閣打倒の論陣を張る」

と言われた。

12日、ホテルニューオータニの「なだ万」で、三党幹事長と中国の李肇星外交部長とで朝食会談。六者協議の話になり、李外交部長曰く、「第1回六者協議は、8月27～29日の間、北京の釣魚台国賓館で開催される。核問題（朝鮮半島の非核化）がメインテーマであり、拉致問題は日朝二者協議で解決すべし」とのこと。六者協議の発足は、私の宿願だった。

同日18時、小泉首相に電話し、まず、李肇星外交部長との会談内容を報告した。六者協議は核問題一辺倒であり、拉致問題は中国にとっては枝葉末節《しようまっせつ》の問題だと言われたことを報告。また、

埼玉県知事選挙に係るあるマスコミの世論調査結果を報告（嶋津14・6パーセント、坂東11・6パーセント、上田11・9パーセント、浜田8・1パーセント）。小泉首相は、いずれ逆転し、坂東が勝つだろうと言った。私から渡邉・氏家両氏との会食の際に副総裁棚上げ案を言われ、「考える」と答えたことを報告した。首相は、

「それで良い。8月15日午後、森・中川と会う。同じ話になると思うが、決して返事はしない」と言った。

15日11時、成田発NH593便で、カンボジアに向かう。バンコク経由で17時45分、プノンペン着。

16日16時50分、カンボジア首相公邸で、フン・セン首相と会談。フン・セン首相は軍人出身で凄味があり、独裁権力者に近づいていると思われるが、何度も会ううちに却って親近感が失せた。

同日19時（日本時間21時）、小泉首相に国際電話。フン・セン首相に北朝鮮問題での支援を要請したところ、10月7〜8日のASEANプラス3の首脳会議と10月26日のAPECで、小泉首相と会って話を詰めたいと言っていたが、解散・総選挙の時期が重なりそうなので要日程調整だ、と答えたことを伝えた。小泉首相からは、

「昨日、森・中川両氏と会った。今回は、よりあからさまに山崎・竹中の更迭を要求した。人事と解散の時期については、総裁再選までは言えないと答えた」

と報告があった。

17日、アンコール・ワット遺跡があるシェムリアップに行き、遺跡を視察した後、ソフィテルホテルで同行記者団と内政懇（内政懇談＝記者会見に準じる同行記者団と懇談する会）をやる。いつもながら記者団の関心は、人事と政治日程ばかりだ。「解散は10月初旬、選挙は解散日からギリギリ30日以内だ」と答える。

18日、再びバンコク経由ＪＬ７０８便で帰国。16時40分、成田着。

19日11時30分、赤坂プリンスホテル「トリアノン」で米国大使上級顧問トーケル・パターソン氏、外務省の長嶺参事官と昼食。パターソン氏から、まずベーカー米国大使が貴殿（私）の選挙のことをたいへん心配している旨の伝言があった。

次に北朝鮮問題では、北が求めている米国との不可侵条約の締結は不可能であること。イラクについては、米国はイラクに民主的新政府が樹立され、経済が自立するまでは絶対に手を引かない。日本はゆっくり、長期に参加してほしい。できればヘリ部隊を派遣してほしい、とのこと。それは無理だと答える。また、パウエル国務長官とアーミテージ副長官の次期留任はなし、との情報も教えてくれた。

25日14時30分、首相官邸で小泉首相と会う。埼玉県知事選挙は、世論調査で上田清司がリードしていると言ったら、「嶋津の推薦は県連止まりにしろ」と再度言われた。総裁選挙については、公明正大にやって欲しいが、どこかで山崎個人の支持表明をして欲しい、と言われた。

衆議院議員選挙についての公明・保守新党両党の公認候補に対するわが党の第一次推薦を8月28日に発表することについての了承を求め、小泉首相のOKが出る。また選挙公約として、結党50年の2005年11月15日までに、わが党の党是でもある憲法改正案をまとめることを提案し、了承を得る。小泉首相指示の形をとることとして、マスコミに発表することにした。

28日20時30分、帝国ホテル1216号室で民主党の鳩山由紀夫と会う。今後の身の処し方についてアドバイスを求められたので、次のように言った。

「坊ちゃんでは政治家としての魅力がない。挫折《ざせつ》は人を作る。中山義活《よしかつ》代議士をはじめ、2〜3人の信頼できる側近を作り、鳩山グループをまとめておいたほうが良い」

「ポスト小泉の時期になると政界再編は必ずあると思うので、その時には連携しよう」と言ったら、「今後も時々会いたい」と言われた。

YKK時代の終焉

8月29日12時40分、小泉首相より電話。

「総裁選は、小泉にとって必ずしも楽観を許さず厳しい情勢だ、と公表してくれ。青木さんの人心一新要求の件は、森さんを通じて応答するので委せてくれ」

とのこと。

30日22時30分、読売新聞の渡邉恒雄氏より電話。曰く、

「青木さんより電話があり、『橋本元首相、野中元幹事長より、あんたは小泉に毒まんじゅうを

喰わされていると言われている。山崎幹事長、福田官房長官の留任は仕方ないが、竹中大臣を含む全面改造を実行してほしい。さもなければ議員辞職する』とのことだ。森元首相も議員辞職すると言っている。そうなれば、俺も読売新聞1000万部を動員して倒閣に走らざるをえない」

とのことだった。

9月1日7時、村岡兼造より電話。曰く、

「本日午後、平成研（平成研究会）の幹部会がある。藤井孝男氏の総裁選出馬は認めるが、派としての推薦はしない。派内は、青木・久間・額賀組対橋本・野中・野呂田組の構図となっている。自分はあくまでも中立を装う。2～4位連合には乗らない。小泉候補は公約として、デフレ脱却のため名目成長率2パーセント目標を打ち出して欲しい」

ということだった。

8日11時、自民党総裁選挙が告示され、候補者の届け出が行われた。届け出たのは、小泉純一郎・亀井静香・藤井孝男・高村正彦の四氏であった。

10日10時、小泉首相より電話。この日、引退を表明した野中広務についてだった。曰く、

「野中さんが引退を表明したが、総裁選には影響はない」

と言う。私から、「今夜、森・青木両氏と会う予定になっているが、人事の話があると思う。どう対応したら良いか」と問うと、小泉首相は、「人事の話にはいっさい答えないでくれ」と言

った。

同日19時、日本テレビ本社ゲストルーム「厨」で、氏家齊一郎氏の立ち会いで森・青木両氏と会う。予想通り、両氏から幹事長交代を強く迫られたが、何も答えなかった。

11日14時45分、羽田発ＡＮＡ８９７便で山形へ。15時45分、庄内空港着。

16時30分、ホテルサンルート酒田で開催の自民党山形県連会合に出席。総裁選で小泉候補への支援と次期衆議院選挙における加藤紘一の公認および支援を依頼した。夜は、加藤の自宅がある鶴岡市の料亭で、２人で痛飲した。

12日13時、首相官邸で小泉首相と会う。「9月22日組閣、26日臨時国会召集、10月10日衆議院解散、10月28日衆議院選挙公示、11月9日投票」の政治日程を確認。また小泉首相は、「組閣まであと10日間あるが、俺の肚は決まっている。君のことは委せてくれ。加藤さんには必ず次期総選挙でカムバックしてもらうから、心配するな」

と言った。


17日18時30分、全日空ホテル７０１号室で加藤紘一、園田博之と会う。園田は熊本県議の坂本哲志を伴ってきた。「坂本は次期衆議院選挙に出るが、公認が取れそうにないので苦戦しそうだ。なんとか山崎派で当選させてほしい」との依頼があった。加藤からも、「自分の派は資金面で余裕がないので君が面倒みてくれ。同じ九州じゃないか」と頼まれた。

20日14時、自民党本部8階大ホールで総裁選の投開票が行われた。小泉候補は、議員投票で194票、同時開票した党員票205票でいずれも過半数を取り、合計399票の圧勝だった。直ちに党大会に代わる両院議員総会が開かれ、小泉が改めて自民党総裁に選ばれた。

21日11時、首相公邸で小泉首相から、

「自民党副総裁をやってくれ。部屋は総裁室を使ってくれ。幹事長には安倍晋三を起用したいがどうか」

と言われた。私からは、

「安倍はまだ若すぎるので、幹事長には谷垣禎一が良いのでは」

と押し返してみたが、小泉首相は、

「森さんから、清和会から幹事長を出すべきだと言われ、別の人を推されたが安倍君を起用して選挙の顔にしたい」

と決めているようなので、それ以上は言わなかった。

22日、内閣改造が行われた。ほとんど見るべき異動がなく、竹中平蔵も金融経済財政政策の内閣府特命担当大臣として留任した。

26日臨時国会が召集され、14時、衆議院本会議で小泉首相の所信表明演説があった。

同日19時、自民党総裁室で党六役の会議があり、小泉首相が10月10日に解散すると明言した。

青木幹雄参議院幹事長は、今回の人事は来年の参議院選挙までの体制だ。次期改造人事は小泉首相一人で決めないでくれ、と注文をつけた。村岡兼造の処遇がなかったことは遺恨《いこん》を残した。

2003年11月9日、第43回衆議院議員総選挙の投開票が行われた。加藤紘一は見事にカムバックを果たしたが、私はベーカー米国大使の心配通り、不覚をとってあえなく落選した。小泉・安倍枢軸《すうじく》の時代が訪れ、YKKの時代は事実上終焉した。

おわりに

小泉純一郎は現在、原発即時廃止論をぶちあげ、彼の身上である簡潔明瞭な語り口で決意を貫いている。

ただ、彼は「私の郵政民営化論はほかの人の説明と全然違う」という言い方をしているので、この本の中で紹介した彼の郵政民営化論は、彼の論旨とは若干違うかも知れないがお許しいただきたい。

同時に彼が「自民党をぶっ壊す」と言ったのは、「田中政治をぶっ壊す」という意味だったと説明する人（多分、私のことだと思うが）がいるが、全然そんな意識ないよ、とも言っている。しかし、小泉政権時代、旧経世会（旧田中派）から最後まで党の要《かなめ》である幹事長を起用しなかったことは事実である。経世会支配打破は、ＹＫＫの暗黙知であったと思う。

加藤紘一は長く「政界のプリンス」といわれたが、ついにキングになることができなかった。悲劇的だったのは「加藤の乱」の失敗だった。原因は野党（小沢一郎）との結託という禁じ手を使ったことにあるとしても、正直なところは懸命にモラールサポートした私にも責任があると思っている。本人もさることながら私も政治的未熟さを露呈《ろてい》して的確なリードができなかったことを申し訳なく思うところだが、今にして思えば、土台無理な試みだった。2人共経験不足なうえに焦り過ぎだった。慎重すぎても事を成せないが、冷静沈着、用意周到でなければ荒っぽい仕事は成就しえないことを悟らされた。

加藤の政治的才能と将来性を誰よりも評価し、厚い友情に感謝し続けていた私としては、慙愧《ざんき》の念に堪えない。しかしながら、結果として小泉政権の誕生を招来したので、功罪相半ばしたと自ら慰《なぐさ》めている。

結局、総理大臣になれなかった加藤の政治的レガシーは、小泉のようにはっきりしたものはないが、私に言わせれば、自らネーミングしたＹＫＫ時代なるものの脚本を書き、かつ演出し、政治にダイナミズムを与え、国民の政治に対する興味と関心を惹起《じゃっき》したことだと思う。

私は、やや我田引水的に言えば、２０１４年放映のＮＨＫ大河ドラマ『軍師官兵衛』の主役・黒田官兵衛的な役割を果たしてきたと思う。

宮澤政権時には建設大臣となり、宮澤総理・加藤官房長官と渡辺副総理とのリエゾン（連絡調整）役を演じた。細川政権時には、細川・渡辺秘密会談の黒子をやった。村山政権時には自民党国対委員長として自・社・さ政権の国会運営を担当し潤滑油《じゅんかつゆ》となった。橋本政権の誕生には触媒の役割を果たしたと思うし、小泉政権の誕生にも同様の役割を果たしたと思う。

また、橋本政権では自民党政調会長として自・社・さ政権の政策調整を辛抱強くやり、小泉政権では自民党幹事長として公明党冬柴鐵三幹事長・保守新党二階俊博幹事長と共に三幹時代を築いた。

私は今、政治の第一線から身を引いて、大学で教鞭《きょうべん》を執《と》ったり、評論活動を行ったりしているが、テーマは結局、外交・安保のジャンルに偏っている。現役時代は自民党きっての国防族といわれ、ＰＫＯ協力法やイラク特措法等々の成立に血道を上げたが、今になって加藤紘一の憲法九条改正反対論には共鳴しないまでも、一定の理解を示す心境になっている。理の当然だが、平和ほど尊いものはないということに尽きる。

最後になったが、本書の出版に当たり、講談社の西川真之介氏やジャーナリスト横田由美子氏の大変なご尽力に謝意を表し、その他登場人物の皆々様にはあらかじめ了解を得る礼を欠いたことを深くお詫びする次第である。

明示のない政党・団体名・肩書等はいずれも当時。文中一部敬称略

山崎 拓 やまさき・たく

1936年、現在の中国・大連市生まれ。福岡県立修猷館高校・早稲田大学第一商学部卒業。67年に福岡県議会議員に当選、72年に衆議院議員に初当選（加藤紘一、小泉純一郎も同期）。当選12回。防衛庁長官、建設大臣、自民党政調会長、幹事長、副総裁などを歴任。90年頃から、自民党の経世会支配を批判し、加藤、小泉とともに「YKK」を結成して、活躍した。2012年に近未来政治研究会（山崎派）の会長を辞任。最高顧問に就任。現在、大和大学政治経済学部特任教授を務めるほか、マスコミ等を通じ鋭い政治評論を行うなど、在野から各般の政治問題についての卓見を発信している。著書には『2010年日本実現』（ダイヤモンド社）、『憲法改正』（生産性出版）などがある。

Y《ワイ》K《ケー》K《ケー》秘《ひ》録《ろく》

二〇一六年七月十九日　第一刷発行
二〇一六年九月十二日　第四刷発行

著者　山崎《やまさき》 拓《たく》

発行者　鈴木 哲

発行所　株式会社 講談社
東京都文京区音羽二丁目一二－二一　郵便番号一一二－八〇〇一
電話　編集〇三－五三九五－三五二二
販売〇三－五三九五－四四一五
業務〇三－五三九五－三六一五

印刷所　慶昌堂印刷株式会社

製本所　黒柳製本株式会社

ISBN978-4-06-220212-1